FABELWESEN DER

HERALDIK

IN FAMILIEN- UND STÄDTEWAPPEN

Carl-Alexander von Volborth

FABELWESEN DER HERALDIK

IN FAMILIEN- UND STÄDTEWAPPEN

Belser Verlag
STUTTGART
ZÜRICH

Diana, meiner lieben Frau, gewidmet
in Dankbarkeit für ihren Enthusiasmus,
ihre Hilfe und ständige Bereitschaft
zur Diskussion von Ideen.

Die Deutsche Bibliothek – CIP-Einheitsaufnahme

Volborth, Carl-Alexander von:
Fabelwesen der Heraldik in Familien- und Städtewappen/Carl-Alexander von Volborth. –
Stuttgart; Zürich: Belser, 1996.
ISBN 3-7630-2329-1
NE: HST

Layout: Hermann Kießling
Repro: Eurolitho, Tarzo
Satz: Steffen Hahn GmbH, Kornwestheim
Druck: EBS, Verona
Printed in Italy
ISBN 3-7630-2329-1

Vorwort

Dieses Buch ist nicht etwa ein Nachschlagewerk, in dem man alle Wappen finden kann, die ein Fabelwesen enthalten, sondern eine Sammlung möglichst vieler dieser Phantasiekreaturen in Bild und Text, die alle das Eine gemeinsam haben, nämlich in Familien-, Gemeinde- und Staatswappen sowie in Bilddevisen vorzukommen.
Fabelwesen machen im Verhältnis zu anderen heraldischen Figuren nur einen kleinen Teil der Gesamtheit aus, so daß es an sich nicht verwunderlich ist, daß sie in Lehrbüchern etwas stiefmütterlich behandelt sind. Dort werden zumeist die sowieso schon bekannten, wie zum Beispiel der Drache, das Einhorn, der Greif berücksichtigt. Ihre Herkunft oder Bedeutung wird, wenn überhaupt, nur dürftig beschrieben.
Niemand hat je Fabelwesen in der Natur gesehen. Irgendwann, irgendwo sind sie von irgendjemandem ausgedacht worden. Wir kennen sie aus zum Teil uralten Geschichten sowie aus den bildenden Künsten und aus Wappen, in denen viele von ihnen bis heute überlebt haben. Bei meinen Nachforschungen über sie in heraldischen Lehrbüchern und Artikeln sowie in kunsthistorischen Werken und Enzyklopädien bin ich manchmal auf widersprüchliche oder voneinander stark abweichende Informationen und Illustrationen gestoßen. Alle Mythen und Legenden sind über die Jahrhunderte auch nicht immer ohne Veränderungen weiter gegeben worden und existieren heute in verschiedenen Versionen, manchmal sogar der Geschichte bestimmter Regionen angepaßt, wie zum Beispiel die Legende von der schönen Melusine.
Um das Thema der Fabelwesen als solches bestmöglich zu behandeln, wäre vielleicht ein Team von Mythologen, Kunsthistorikern und Historikern am meisten geeignet.
Mein Ausgangspunkt war dagegen die Wappenkunst, und so stand für mich hauptsächlich seine heraldische Gestaltung im Vordergrund. Gegliedert ist die vorliegende Heerschau der Fabelwesen in drei Hauptteile: Einer Einführung in ihre Herkunft und Bedeutung (S. 6–23) folgen die in zwanzig Kapitel unterteilten bekanntesten Fabelwesen aus Mythologie und Sage (S. 24–96) und die Fabelwesen ohne ausgeprägten Mythos (S. 97–121). Ein Namens- und Ortsregister, ein Verzeichnis sämtlicher im Buch enthaltenen Fabelwesen und eine Bibliographie bilden den Abschluß.
Ich hoffe, durch diese Arbeit beitragen zu können, eine Lücke in der Literatur der Wappenkunde zu schließen.
Ebenso ist es mein Wunsch, daß sich dem Leser und Betrachter dieses Buches etwas von der Freude mitteilt, die ich bei der zeichnerischen und malerischen Darstellung dieser absonderlichen Kreaturen empfunden habe.

Besonderen Dank schulde ich für ihre wertvolle Hilfe beim Sammeln von Material Freunden von der Internationalen Akademie der Heraldik: den Herren Nils G. Bartholdy, Claus D. Bleisteiner und Dr. Günter Mattern.

Carl-Alexander von Volborth
Antwerpen, Februar 1996

Fabelwesen – ihre Herkunft und Bedeutung

Fabelwesen sind Kreaturen der Einbildungskraft, die zumeist aus dem Phantasiereichtum der Mythen und Sagen der verschiedensten Völker stammen und durch die bildenden Künste sichtbare Gestalt erhielten. So sind eine ganze Menge von ihnen schon seit Jahrhunderten zu festen Bestandteilen unserer Vorstellungswelt geworden, wie zum Beispiel der Drache, der Greif oder die Meerjungfrau und viele andere, und man spricht von ihnen, als ob es sie wirklich gegeben hätte.

Solche Geschöpfe entstanden aber nun keineswegs, wie man annehmen könnte, bei den primitivsten Völkern, sondern in den antiken Hochkulturen Ägyptens, Vorderasiens und Griechenlands. Bei manchen läßt sich die Ahnenreihe bis nach Indien und China zurückverfolgen. Andere sind offensichtlich durch Mißdeutung und Übertreibung ausgestorbener und lebender Formen entstanden, wie zum Beispiel die Drachen und die Lindwürmer, die auf falsch interpretierte Fossilfunde zurückgehen.

Die meisten der Kreaturen, die ihren Weg auch in die Heraldik gefunden haben, sind Hybriden, welche aus Teilen von zwei oder mehreren verschiedenen Tieren zusammengesetzt sind und auch menschliche Köpfe und Gliedmaßen haben können. Im europäischen Raum sind Typen dieser Art nicht nur in den alten Kulturen Griechenlands und Roms zu finden, sondern auch bei den alten Kelten und im slawischen Bereich. Zu einer Hochblüte ihrer Darstellung kam es aber erst wieder in der romanischen und gotischen Kunst und Architektur.

Sicherlich waren die Vorstellungen der mittelalterlichen Urheber von Wappen auch durch die Schilderungen und Abbildungen in den sogenannten Bestiarien beeinflußt, die alle auf eine Urquelle, den »Physiologus«, zurückgehen. Dieser, eine populär-theologische Schrift, ist in der ersten Hälfte des zweiten Jahrhunderts in Alexandria entstanden. Hier sollten durch allegorische Anlehnung an bestimmte Tiereigenschaften die wichtigsten Sätze der christlichen Glaubenslehre zum Ausdruck gebracht werden. Zu Anfang wurde dieses Büchlein von der Kirche mißachtet, jedoch seit der Zeit Gregors des Großen (Papst von 590 bis 604) als Lehrbuch der christlichen Zoologie angesehen. Mit dem ausgehenden Mittelalter verlor es seine Bedeutung. Als die wesentlichen Werke über die Tierkunde waren die Bestiarien außerordentlich verbreitet, sowohl in Prosa als auch in Versen, so daß sie sich in den verschiedensten Sprachen bis heute erhalten finden.

Die in diese Bücher zwischen die wirklich existierenden Tiere hineingeratenen Phantasiewesen, zumeist den heidnischen Tierfabeln entnommen, waren nicht immer auf dieselbe Weise illustriert, was sich auch auf ihre Darstellung durch Wappenzeichner auswirken mußte. Als Beispiel mag hier die CHIMÄRA dienen, in der griechischen Sage ein feuerspeiendes Ungeheuer, das auf dem gleichnamigen, brennendes Gas ausströmenden Berge in Lykien sein Unwesen trieb und für lange Zeit das Land verwüstete, bis Bellerophon es erlegte.

Nach Homer[1] wird sie vorne als Löwe, in der Mitte als Ziege und hinten als Schlange beschrieben, während sie nach Hesiod[2] dreiköpfig war (Löwe, Ziege und Schlange). Nach Vasenmalereien und einer etruskischen Bronzeplastik in Florenz zu schließen, scheint die letztere Beschreibung den Vorstellungen im klassischen Altertum am meisten entsprochen zu haben. Man muß sich demnach die Chimära als einen Löwen vorstellen, auf dessen Rücken ein Ziegenkopf sitzt und der einen mit dem Kopf einer Schlange endenden Schwanz hat.

Im allgemeinen Sprachgebrauch wird das Wort Chimäre auch für Trugbilder oder phantastische Hirngespinste verwendet, das Eigenschaftswort schimärisch für phantastisch und trügerisch. So läßt es sich wahrscheinlich erklären, daß in heraldischen Lehrbüchern und Lexika Abbildungen und Beschreibungen der Chimäre zu finden sind, die voneinander stark abweichen. Zwar sind eigentlich alle Fabelwesen schimärische Kreaturen, aber deshalb noch keine wirklichen Chimären, wie sie von Homer und Hesiod beschrieben werden.

In Elvins »Dictionary of Heraldry« wird das Ungetüm zum Beispiel als Ziege mit Drachenschwanz, unübersehbarem Skrotum und einem vollmähnigen Löwenkopf mit dem Gesicht eines bärtigen Mannes abgebildet, während es in Rietstaps »Handboek der Wapenkunde« als Löwe mit dem langhaarigen Kopf und den Brüsten einer Frau sowie mit einem Schlangenschwanz vorgestellt wird. In »A Complete Guide To Heraldry« von A. C. Fox-Davies erscheint die Chimäre nicht als Illustration, wird aber als mit dem Kopf und den Brüsten einer Frau, den Vorderbeinen eines Löwen, dem Körper einer Ziege mit Drachenschwanz und den Hinterbeinen eines Greifs beschrieben. (Warum hier ein Unterschied zwischen den Hinterbeinen eines Greifs und denen eines Löwen gemacht wird, ist unverständlich, da beide gewöhnlich dieselben Hinterbeine haben.)

Für den Wappenmaler sind solch unterschiedliche Auskünfte natürlich recht verwirrend, denn er muß sich bei seiner Arbeit streng an die Wappenbeschreibung halten. Welche der verschiedenen »Chimären« sollte er wählen? Am einfachsten und besten wäre es, wenn das klassische Vorbild, das im Altertum populär war, die dreiköpfige Chimäre des Hesiod, allgemein akzeptiert würde.

Neben den aus den Mythen und Sagen stammenden Fabelwesen gibt es in der Heraldik noch eine ganze Menge phantastischer Geschöpfe, deren Bedeutung uns heute entgeht, sollten sie je eine gehabt haben, oder noch nicht geklärt ist. Da gibt es zum Beispiel Füchse mit einem Hahnen- oder Pfauenschwanz, den Krebs mit dem Hinterteil eines Löwen, den Elefant mit dem Hinterteil eines Löwen, alle Arten von Vierbeiner, die als Hinterteil einen Fischschwanz haben und viele andere mehr.

Ist man mit den Geschichten nicht vertraut, die bei der Wahl einer solchen Wappenfigur maßgebend waren, dann ist es unmöglich, ihre Bedeutung zu begreifen. Sicherlich gehen einige davon auf eine übermütige Laune zurück, andere mögen auf einem Wortspiel beruhen, das heute unverständlich geworden ist, weil vielleicht ein vergangener lokaler Dialektausdruck zugrunde lag. Als Standardfiguren sind solche Wesen in heraldischen Lehrbüchern nicht zu finden. (Mehr darüber im letzten Abschnitt, Abbildungen 187–248.)

Dann gibt es noch Geschöpfe, die zwar nicht die charakteristischen Züge von Mischwesen haben, die aber doch von den natürlichen Formen abweichen. Da ist zunächst der DOPPELADLER, dessen Ahnenreihe beim orientalischen Tierornament weit in die vorislamische Zeit zurückverfolgt werden kann. Er wurde zum Emblem der Seldschuken-Sultane und des byzantinischen Kaiserreiches.

In Deutschland kommt der doppelköpfige Adler bereits auf Münzen aus den letzten Regierungsjahren Kaiser Friedrichs I. vor. Schon im 13. Jahrhundert war die Auffassung verbreitet, daß dem Kaiser ein Doppeladler zustünde. Kaiser Sigismund verwendet ihn 1402 im Reichsverweser-siegel, und seit 1433 war er endgültig zum Symbol des Kaisers geworden, während der König weiterhin den einköpfigen Adler im Wappen führte. Die Heiligenscheine hinter den Adlerköpfen sollten die Heiligkeit des Reiches symbolisieren.

Als dieses Reich 1806 aufgelöst wurde, nahm der letzte Kaiser, Franz II., der geschickterweise bereits 1804 den Titel Kaiser von Österreich angenommen hatte (als Franz I.), den Doppeladler ohne die Heiligenscheine für seine Monarchie in Anspruch.

Im Wappenbuch des Konrad Grünenberg[3] von 1483 sowie im Würzburger Turnierbuch von 1479 findet man einen dreiköpfigen Reichsadler, der jedoch in der Praxis nie Verwendung gefunden hat. Hier wird der Vorschlag gemacht, daß der Kaiser, der dem Reich ein oder mehrere Königreiche hinzugewinnen würde, das Recht auf einen dreiköpfigen Adler haben solle.

Bei Grünenberg ist der Adler schwarz auf Gold, im Turnierbuch golden auf Schwarz. Der Idee, den dreiköpfigen Adler golden auf Schwarz zu setzen, schließt sich Grünenberg erst bei der höchsten Stufe an, die man für den Kaiser erdacht hatte, der das Heilige Land wiedererobern würde.

Iwan III., Großfürst von Moskau, heiratete 1472 Sophia, die Tochter des Thomas Paläologos, Bruder des letzten byzantinischen Kaisers, wodurch der doppelköpfige Adler von Byzanz zum russischen Wappentier wurde. Es wurde ihm dann das Wappen von Moskau, mit dem Bild des Drachentöters, auf die Brust gelegt.

Auch das Königreich Serbien (1918), später Jugoslawien (1929), führte einen Doppeladler im Wappen, was auf Stephan Nemanya (1168–1196) zurückgeht, der die Unabhängigkeit Serbiens von Byzanz erreichte und eine serbische Dynastie gründete, welche in ihrem Hauptzweig 1367 erlosch. Er nahm den Doppeladler von Byzanz an, aber silbern anstatt golden.

Der schwarze Doppeladler auf Rot der Albaner geht auf das Familienwappen des Nationalhelden Skanderbeg Kastriota (gest. 1468) zurück.

Soweit haben es die LÖWEN MIT ZWEI ODER DREI KÖPFEN nicht gebracht, doch hat Grünenberg dem römischen Kaiser Octavian ein Wappen zugeschrieben, das einen doppelköpfigen Löwen enthält.

LÖWEN MIT ZWEI ODER DREI KÖRPERN aber nur einem Kopf sind bestimmt so selten. Der Löwe mit zwei Körpern wird als zwei einander zugewendete, steigende Löwen mit einem hersehenden Kopf dargestellt. Gekrönt und sitzend kommt er im Wappen eines John of Northampton vor, der im 14. Jahrhundert Bürgermeister von London war.

Der Löwe mit drei Körpern wird gewöhnlich so abgebildet, daß das jeweils am weitesten nach hinten stehende Bein in einer Ecke des Schildes zurecht kommt und sich die Oberkörper im hersehenden Kopf treffen, also deichselförmig. Das Umgekehrte, zwei einander zugewendete Löwenkörper und ein senkrechter, mit den Hinterbeinen nach oben gerichteter, die sich in dem hersehenden Kopf vereinigen, kommt im Siegel des Edmund, Graf von Lancaster, dem zweiten Sohn Heinrichs III. von England, vor. In einem runden Siegel ließ sich diese Figur verwenden, was in einem dreieckigen gotischen Schild nicht möglich gewesen wäre.

Auch menschliche KÖPFE MIT ZWEI ODER DREI GESICHTERN oder gar DREI KÖPFE AUF EINEM HALS sind in der Heraldik zu finden.

Am bekanntesten ist hier der Kopf des römischen Gottes Janus mit den zwei gleichen Ge-

sichtern, das eine nach rechts, das andere nach links gewendet. Der As, die erste Münze der römischen Münzreihe trägt sein Bild.
Janus galt als der Älteste der römischen Gottheiten, denn er war der Gott allen Anfangs und Eingangs. Er waltete über der Entstehung von Allem, der Zeugung, der Empfängnis, der Kultur, der Wissenschaften. Der Tagesanfang, die Monatsersten (calendae), der erste Monat des Jahres (ianuarius) sowie alle Türen und Straßendurchgänge waren ihm heilig. Bei allen Opfern und Gebeten wurde er zuerst angerufen, weshalb sein Priester (rex sacrorum) den höchsten Rang in der römischen Hierarchie hatte.
Der Kopf mit drei Gesichtern wird Geryonskopf genannt. Der dreileibige Riese Geryon ist eine Gestalt des griechischen Mythos. Er lebte auf der Insel Erytheia im äußersten Westen des Okeanos, wo er große Herden roter Rinder besaß. Der Raub dieser Rinder gehörte zu den zwölf Aufgaben, die Eurystheus, der König von Mykenä, dem Herakles gestellt hatte.
In Elvins »Dictionary of Heraldry« sind drei Köpfe auf einem Hals abgebildet, was sich vielleicht ursprünglich auch auf den Riesen Geryon bezog.
Das Haupt der Medusa, Gorgoneion genannt, stammt auch aus der griechischen Sage. Polydektes, der König der Insel Seriphos, schickte den jungen Perseus zu den Gorgonen, um das Haupt der Medusa zu holen.
Bei Homer wird nur eine Gorgo erwähnt, ein Ungetüm der Unterwelt, das einen furchtbaren Augenausdruck hatte. Hesiod berichtet von drei Gorgonen, die Stheno, Euryale und Medusa hießen. Sie waren schreckenerregende, fürchterliche, geflügelte Gestalten mit versteinerndem Blick, mit Schlangehaaren und einem Schlangengürtel. Medusa war die einzige der Schwestern, die sterblich war. – Perseus flog mit Flügelschuhen, einem unsichtbar machenden Helm, einer Tasche, einem Spiegel und einem Sichelschwert ausgerüstet zum äußersten Westrand der Erde, in der Nachbarschaft der Nacht und der Hesperiden, wo die Gorgonen hausten. Er fand sie schlafend vor. Da ihr direkter Anblick versteinerte, sah Perseus in den Spiegel und schlug der Medusa das Haupt ab. Da sprangen Chrysaor und Pegasos aus ihrem Leib. Perseus steckte den Kopf in die Tasche und flog davon.
Der ursprüngliche Typus des Gorgoneion, ein von vorne gezeigtes weibliches Fratzengesicht mit herausgestreckter Zunge und den Hauern eines Keilers, kommt schon in der orientalischen Kunst vor. Man brachte es als Unheil abwehrendes Schreckbild auf Stadtmauern an und schmückte damit Waffen, Amulette etc. In der späteren Kunst entwickelte sich die Fratze in eine wunderbar schöne Frauenmaske, im Todeskampf erstarrt und mit von Schlangen durchzogenem lockigen Haar.
ENGELSGESTALTEN, DER STIER DES HEILIGEN LUKAS UND DER LÖWE DES HEILIGEN MARKUS gehören zur christlichen Symbolik.
Die Engel gelten in der Vorstellungswelt besonders der semitischen und christlichen Religionen als Mittelwesen zwischen Gott und den Menschen. Sie erscheinen sowohl als Verkünder als auch als Vollstrecker des göttlichen Willens.
Die älteste christliche Kunst stellte sie als Jüngling ohne besondere Merkmale dar. Erst im vierten Jahrhundert begann man sie durch Flügel und Heiligenscheine zu kennzeichnen. Um die Geschlechtslosigkeit, die ihnen im Neuen Testament zugeschrieben wird, haben sich die Künstler im allgemeinen wenig gekümmert. So finden wir in den Holzschnitten Albrecht Dürers zur Offenbarung Johannis ausgesprochen männlich wirkende Engel, während der musizierende En-

gel in der Verkündigkung des Isenheimer Altars von Grünewald typisch weibliche Züge hat.
Auch in der Heraldik ist man sich hier nicht einig geworden. In seinem Buch »Shield and Crest« erklärt Julian Franklyn, daß heraldische Engel weibliche Figuren mit Flügeln sind, was auch in Rietstaps »Handboek der Wapenkunde« behauptet wird. Auf der anderen Seite kann man die Erzengel Gabriel und Michael doch nicht als Frauen darstellen. Es scheint, daß es am besten wäre, wenn sich der Heraldiker an die Geschlechtslosigkeit der Engel im Neuen Testament halten würde.
Als Schildhalter waren in früheren Zeiten die Engel bei der höheren Geistlichkeit sehr beliebt. Als Schildfiguren sind sie wohl am bekanntesten durch die Wappen von Brüssel und Kiew. Als Helmzier sind sie verhältnismäßig selten.
Cherubim und Seraphim sind Erscheinungen der religiösen Symbolik des Alten Testaments. In den Visionen des Ezechiel sind die Cherubim Repräsentanten der göttlichen Majestät und zeigen vier Gesichter (Mensch, Löwe, Stier, Adler). Nach dem Südenfall erscheinen sie als Wächter des Paradieses und als Hüter der Bundeslade, und in den Psalmen sind sie der Thron des richtenden Gottes (Wolken, Blitz und Sturm).
In der Heraldik wird der Cherub als hersehender, d. h. frontal dargestellter Kinderkopf abgebildet, der auf zwei unter seinem Kinn zusammenkommenden Flügeln ruht. Daneben erscheint er auch als menschliche Gestalt mit den Beinen eines Stiers und Flügeln anstelle der Arme. In Elvins »Dictionary of Heraldry« ist solch eine Figur mit Frauenkopf und Brüsten abgebildet, während das Wappen einer englischen Freimaurerloge zwei solche Schildhalter hat, aber mit männlichen Köpfen und Oberkörpern.
In der Rangordnung der Engel stehen die Seraphim ganz oben. Im Alten Testament werden sie als Engel beschrieben, die den Thron Gottes umgeben. Ihre Gesichter und Füße sind durch zwei Flügelpaare verhüllt, das dritte Paar wird zum Fliegen benützt. Sie gelten als Sinnbilder der Erhabenheit Gottes und seiner Allmacht.
In der Heraldik wird der Seraph wie der Cherub als Kinderkopf dargestellt, aber mit sechs Flügeln, zwei über dem Kopf, zwei unter dem Kinn und an beiden Seiten des Gesichts je einer.
Auch die Symbole der beiden Evangelisten Markus und Lukas können den Mischwesen nicht zugerechnet werden, denn ihre Flügel sollen das Überirdische ausdrücken. Darüber hinaus haben sie meistens Heiligenscheine. Wo dieser allerdings in einer Abbildung fehlt, da kann es sich doch um einen Hybriden handeln ohne Anspielung auf einen der beiden Heiligen.
In der Wappenkunst hat der Markuslöwe als Wahrzeichen und Wappentier Venedigs Berühmtheit erlangt. Meistens ist er stehend und hersehend abgebildet und stützt sich mit seiner rechten Vorderpranke auf ein offenes Buch, in dem die Worte PAX TIBI MARCE EVANGELISTA MEUS zu lesen sind. Er erscheint auf Fahnen mit unterschiedlichen Attributen, wie zum Beispiel ein Schwert oder ein Kreuz haltend, manchmal auch auf einem flachen Erdsockel stehend, aus dem ein Felsen mit einem Turm ragt. Im Wappen von Venedig steht jedoch ein goldener, von vorne gesehener halber Löwe, das offene Buch haltend, im blauen Feld.
Der Evangelist Lukas war der Überlieferung zufolge ein Arzt, den die Legende überdies auch zum Maler gemacht hat, was Malergilden im Mittelalter bewog, ihn zu ihrem Schutzpatron zu machen. Sein Wahrzeichen, der geflügelte Stier, kam daher häufig als Schildhalter ihrer Gildewappen vor. Als Sinnbild der ärztlichen Hilfe ist er auch in Emblemen und Wappen von Krankenhäusern zu finden.

1
Mischwesen, das sowohl an eine Flügelsphinx als auch an die dreiköpfige Chimäre des Hesiod erinnert. Nach einem Steinrelief aus Kargamis, um 1050/850 v. Chr. (vgl. Abb 7 und 158).

3
Geflügeltes Mufflon. Nach einer bronzenen Pferdetrense aus Persien, 8./7. Jahrhundert v. Chr.

2
Sphinxähnliches Mischwesen. Nach einer bronzenen Pferdetrense aus Persien (Nordwestiran), 8./7. Jahrhundert v. Chr.

4
Chimäre, wie man sie sich nach der Beschreibung Homers vorstellen könnte: vorne Löwe, in der Mitte Ziege (griechisch chimaira) und hinten Schlange.

6
Chimäre nach der Beschreibung von J. Franklyn in »Shield and Crest«.

5
Nach Elvins »Heraldic Dictionary« sollte die Chimäre dieses Aussehen haben.

Beide Abbildungen entsprechen nicht ganz der Vorstellung von Homer.

7
Nach der Beschreibung Hesiods und Darstellungen aus dem klassischen Altertum entspricht dieses Mischwesen am ehesten der Vorstellung, welche die Alten von der Chimäre hatten.

9
Die Chimäre des Hesiod in eine heraldische Form gebracht. Das Untier kann auch Feuer speiend dargestellt werden, da es wahrscheinlich die vulkanische Beschaffenheit des heute Yanàr-tasch genannten Berges, auf dem es hauste, versinnbildlichen sollte.

8
Die Chimäre in »Heraldick en Genealogie« von C. Pama entspricht weder der Beschreibung des Homer noch der des Hesiod. Man müßte sie als Löwenweib mit Schlangenschwanz beschreiben oder als Lampagoe mit einem Schlangenschwanz. Vgl. Abb. 160.

10
Das Wappen Kaiser Karls V. (Karl I. als König von Spanien). Der Schild ist von der Kette des Ordens vom Goldenen Vlies umgeben und dem nimbierten Doppeladler auf die Brust gelegt. Die Säulen des Herkules flankieren den Schild. Oben schwebt eine Kaiserkrone. Der Schild enthält in der oberen Hälfte die Wappen von Kastilien, León, Aragon, Sizilien, im Zwickel jenes von Granada, in der unteren Hälfte die Wappen von Österreich, Neu-Burgund, Alt-Burgund, Brabant und im Herzschildchen von Flandern und Tirol.

11
Das Wappen von Lübeck zeigt den doppelköpfigen Reichsadler, dem ein Schildchen mit den Hansefarben auf die Brust gelegt ist. Im Jahre 1226 erhob Kaiser Friedrich II. Lübeck zur Reichsstadt (civitas imperii), die rasch zu großer Blüte gelangte und dem sich allmählich bildenden Hansebund beitrat. Gegen Ende des 13. Jahrhunderts nannte man sie die »Königin der Hansa«. Noch mehrere andere Städte innerhalb der Grenzen des ehemaligen Heiligen Römischen Reichs führen den kaiserlichen Adler im Wappen. In Italien finden wir ihn sowie auch den einköpfigen Adler, im Schildhaupt von Familien, die im hohen Mittelalter dadurch ihre Loyalität zur Italienpolitik des Kaisers ausdrückten.

12
Der dreiköpfige Adler, wie ihn sich Konrad Grünenberg für den Kaiser vorstellte, der dem Reich ein Königreich oder mehr hinzu gewinnen würde. Im Würzburger Turnierbuch ist der mittlere Kopf hersehend (frontal) gezeichnet, und der goldene Adler steht auf Schwarz.

13
Nach der Abschaffung des Emblems der Sowjetunion mit Hammer und Sichel hat die Russische Föderation seit dem 30. November 1993 ein neues Wappen, das in seiner Grundform an das Wappen des Zarenreiches erinnert. Es soll auf das byzantinische Erbe Rußlands hinweisen, was auch in den Tinkturen Gold und Rot zum Ausdruck kommt. Die kaiserlichen Insignien stehen für Peter den Großen. Das Bild des Drachentöters ist wieder wie in ältester Zeit nach heraldisch links gedreht, und der Drache ist schwarz. Der Entwurf stammt von Eugenej Ukhalev. Vgl. Abb. 42 und 43.

15
Dreiköpfiger Löwe, wie er in Körners Handbuch der Heroldskunst abgebildet ist, als Wappen einer Nürnberger Familie Smit, genannt Drahtzieher.

14
Versailles, das zur Zeit Ludwigs XIII. königlicher Jagdsitz war, wurde unter Ludwig XIV. Residenz des Königs von Frankreich und seines Hofes bis zur Revolution. 1789 wurde das Wappen durch Hinzufügung eines silbernen Schildhauptes und darin einem doppelköpfigen, wachsenden, gallischen Hahn in natürlicher Farbe verändert.

16
Doppelköpfiger und doppelschwänziger Löwe. Eine Abbildung im Grünenbergschen Wappenbuch (15. Jh.) zeigt ein solches Tier im fiktiven Wappen des Kaisers Octavian (Augustus), dort allerdings nach (heraldisch) rechts gewendet.

17
Ein Löwe mit zwei Körpern kommt z. B. im Gemeindewappen von Nørre-Snede in Dänemark vor. Dort steht er völlig silbern zwischen drei goldenen Rosen (2, 1) auf Blau.

18
Dreileibiger Löwe

21
Dämonenkopf, nach Elvins »Heraldic Dictionary«

22
Kopf mit drei Gesichtern, eines davon auf dem Schädeldach.

19
Das gekrönte Haupt des Riesen Geryon mit den drei Gesichtern kommt im Wappen einer italienischen Familie Trivulzi vor.

20
Drei Männerköpfe auf einem Hals sind in Elvins heraldischem Lexikon abgebildet. Sie kommen (ohne Bärte) als Helmzier einer Familie Morrison vor.

23
Kopf des römischen Gottes Janus

24
Das Haupt der Gorgone Medusa befand sich nach Homer in der Mitte der Ädis, des von Hephästos für Zeus angefertigten Schildes, der indem der Gott ihn schüttelte, Donner, Blitz und Schrekken erregte. Später wurde die Ädis zum Attribut der Athene und als zottiges, von Schlangen umsäumtes Fell dargestellt, mit dem Haupt der Medusa in der Mitte.

26
Der Erzengel Michael, den Teufel besiegend, steht im Wappen der belgischen Hauptstadt Brüssel. Das Wappen ist in den Landesfarben gehalten. Bruxella oder Bruchsella war ursprünglich ein kleiner Marktflecken, in dessen Nähe im 11. Jahrhundert zu Füßen eines Kastells der Grafen von Löwen eine befestigte Stadt entstand.

25
Der Erzengel Michael mit dem flammenden Schwert steht im Wappen von Kiew, das 1782 offiziell genehmigt wurde. Kiew, heute die Hauptstadt der Ukraine, ist eine der ältesten Städte Rußlands. Hier führte Wladimir der Heilige 988 das Christentum ein, und Kiew wurde die geistliche Metropole Rußlands.

27
Von den verschiedenen Schildhaltern des Wappens der Könige von Frankreich sind die Engel am bekanntesten. Seit der Zeit Ludwigs XIV. wurden sie ausschließlich benützt. Sie konnten auch mit Dalmatiken bekleidet sein, die mit dem königlichen Wappen geschmückt waren und hielten dann Lilienbanner. Über der französischen Königskrone ist das Feldgeschrei angebracht (cri de guerre), unter dem Wappen der Wappenspruch. Unter dem Schild (gewöhnlich um den Schild gelegt) sind die Ordensketten von St. Michael und vom Heiligen Geist angebracht.

28
Cherub

29
Seraph

30
Das Wappen der Stadt Gießen in Hessen wurde 1916 von Großherzog Ernst Ludwig verliehen. Es zeigt einen geflügelten Löwen ohne Heiligenschein, der in Klemens Stadlers »Deutsche Wappen« als Greifenlöwe bezeichnet wird.

31
1919 wurde der United Grand Lodge of Free and Accepted Masons of England ein Wappen verliehen, welches als Schildhalter zwei natürliche Cherubim hat, die als Männer mit Flügeln anstelle der Arme und mit Stierbeinen abgebildet sind.

32
Zum Wappen des belgischen Barons Marquet gehören, in Anspielung auf seinen Familiennamen, zwei Markuslöwen als Schildhalter. Die drei Schnecken und der Wellenbalken im Schild symbolisieren die Schnecke des inneren Ohres und Schallwellen, wodurch das Wappen auf eine bahnbrechende Erfindung des Arztes anspielt.

33
Das Wappen von Henri de Merode, 1439–1460 Fürstabt von Stavelot und Malmedy. Es enthält, geteilt und oben gespalten, die alten Wappen von Stavelot, Malmedy und Logne. Der Herzschild steht für Merode. Das Medusenhaupt im Wappen von Logne ist hier als ein Zwischending der alten und der neueren Auffassung des Gorgeneion wiedergegeben. Nach einer Zeichnung von Roger Harmignies.

34
Die Gebeine des Evangelisten Markus wurden nach Venedig gebracht, weshalb ihn die Stadt zum Schutzheiligen erwählte. Sein Sinnbild, der Löwe mit Heilgenschein und Flügeln, wurde zum Wahrzeichen der Republik.

35
Im Wappen von Venedig steht in Blau ein oberhalber, goldener Markuslöwe als Halbfigur, *in moleca* (in der Form eines Taschenkrebses). Es wird auch der Ausdruck *in maiesta* gebraucht.

36
Das Wappen von Johannes Paul I. (Albino Luciani), der 1978 nur 33 Tage als Papst regierte, hat im Schildhaupt den Löwen von San Marco. Der Papst war nämlich Patriarch von Venedig gewesen. Die drei Sterne stehen für Glaube, Hoffnung, Liebe, die sechs Berge aus dem Wappen der Montini erinnern an Papst Paul VI.

37
Der geflügelte Stier mit dem Heiligenschein ist das dem Evangelisten Lukas sinnbildlich zugehörige Zeichen.

38
Das Wappen des Bristol Royal Hospital in England hat als Helmzier den wachsenden Stier des Evangelisten Lukas, der einen Äskulapstab hält. Hier ist der ärztliche Beruf doppelt symbolisiert. Die flammenden Herzen bedeuten christliche Nächstenliebe, die Öllampe ist ein Symbol der Wissenschaft. Durch das Einhorn, das gleich zweimal im Wappen erscheint, soll vielleicht auf die legendäre Entgiftungskraft seines Horn hingewiesen werden. Unter den Schild gehört noch der Wappenspruch CHARITY UNIVERSAl.

Die bekanntesten Fabelwesen aus Mythologie und Sage

Drachen, Lindwürmer und ihre Abarten

Der Drache, ein riesiges echsenartiges Fabeltier, manchmal mehrköpfig und mit vergiftetem Brodem Feuer speiend, erscheint in griechischen, nordischen und asiatischen Sagen hauptsächlich als Hüter von Orakelstätten und Heilquellen, von Jungfrauen und Schätzen. Im griechisch-römischen Sprachgebrauch ist das Wort Drache gleichbedeutend mit Schlange. So muß man sich den Drachen, der das Goldene Vlies in der Argonautensage bewachte, eher als eine Riesenschlange vorstellen. Häufig wurden Schlangen auch mit Flügeln abgebildet und erst später mit Beinen versehen.

Nur Göttern und Helden gelang es, Drachen zu besiegen und zu töten. Die Germanen glaubten, daß sein Blut die Haut härte und man durch das Verzehren seines Herzens die Sprache der Vögel verstehen könne. In einer Version der Siegfriedsage badet der Held im Blut des erschlagenen Drachen. Ein Lindenblatt, das ihm auf die Schulter fällt, läßt jedoch eine verwundbare Stelle übrig, an welcher ihn Hagen später tödlich mit seinem Speer trifft.

In der biblischen und christlichen Symbolik ist der Drache das Sinnbild des Teufels, des Antichrist, des Heidentums und der Abgötterei. Er verkörpert also das Böse schlechthin. Der Sieg des Guten über das Böse in der Gestalt des Heiligen Georg, der den Drachen tötet, ist als Thema unzählige Mal von Malern und Bildhauern aufgegriffen worden und auch in Wappen zu finden. Eines der bekanntesten ist das Wappen von Moskau.

Eine ganz andere Vorstellung vom Drachen hatte man in China. Nach einer uralten Mythe lebte der flammende Drache in der nordwestlichen Wüste der Welt, wo niemals die Sonne schien. Er war von riesiger, roter Gestalt und hatte ein menschliches Gesicht. Öffnete er seine Augen, dann wurde es hell, wenn er sie schloß, brach die Nacht herein. Wenn er schnaufte und blies, dann wurde es Winter, wenn er normal atmete Sommer.

Als kriegerisches Zeichen kommt der Drache fast bei allen Nationen des Altertums und des Mittelalters vor. Erst als Schmuck von Schild und Helm bei den alten Griechen verwendet, erschien er später als Feldzeichen und auf Fahnen, und wurde schließlich auch als Wappenfigur benützt. So soll der Drache von Wales auf Feldzeichen orientalischer Truppen der römischen Besatzungmacht zurückzuführen sein.

In der Wappenkunst kommen mehrere Abarten des Drachen vor. Normalerweise wird er als Reptil mit zwei oder vier Beinen und mit Flügeln dargestellt, welche an die einer Fledermaus, seltener eines Schmetterlings, erinnern. Auch wird er von alters her mit großen Pferdeohren abgebildet. Auf seiner Nase hat er meist ein kleines Horn, und aus seinem Rachen speit er Feuer oder streckt seine lange Zunge heraus, die pfeilspitzenförmig endet. In seltenen Fällen hat er den Kopf eines Adlers oder Greifen. Sein schuppiger Leib, der in einem langen Schwanz mit Pfeilspitze endet, steht auf Beinen, die auf verschiedenste Arten abgebildet werden. Manchmal erinnern sie an die des Krokodils, manchmal an schwer geratene Adlerbeine. Fast immer hat er große Klauen. Er erscheint in so vielen Wappen grün tingiert, daß man annehmen kann, daß seine natürliche Farbe Grün sein soll. Wird der Drache ohne Flügel gezeigt, nennt man ihn Lindwurm. Er kann zwei oder vier Beine haben.

Der geflügelte zweibeinige Drache wird in der englischen Heraldik Wyvern genannt. Dann gibt es noch den Seedrachen, der einen Fischschwanz statt des Hinterleibes hat, und den Löwendrachen, der mit einem Drachenschwanz versehen ist. Ein besonders merkwürdiges Geschöpf findet man in Rietstaps »Handboek der Wapenkunde«, nämlich den Monsterdraak, einen zweibeinigen geflügelten Drachen mit dem Kopf eines Mannes, dessen Bart aus einem Bündel von Schlangen besteht.
Die Hydra der griechischen Sage wird in der Heraldik als Drache mit sieben Köpfen dargestellt, die in »Fairbairn's Crests« als Adlerköpfe erscheinen.
Die lernäische Schlange, wie sie auch genannt wurde, hauste im Sumpfe Lerna bei Argos und verwüstete das umliegende Land. Von ihren vielen Köpfen, deren Zahl unterschiedlich angegeben wird, war der mittelste unsterblich. Herakles, der von Eurystheus, dem König von Mykenä, den Auftrag bekommen hatte, sie zu töten, scheuchte sie aus ihrem Schlupfwinkel mit brennenden Pfeilen hervor. Dann packte er sie mit seinen Händen und schlug ihr mit seinem sichelförmigen, goldenen Schwert die Köpfe ab. Aber sofort wuchsen statt eines jeden abgeschlagenen zwei neue nach. Herakles und sein Wagenlenker Jolaos fuhren darauf mit glühenden Bränden über die Wunde, so daß kein neuer Kopf nachwachsen konnte. Der unsterbliche Kopf wurde abgeschlagen und unter einem schweren Felsbrocken vergraben.
Das rein Schlangenhafte finden wir noch in der Amphitera und der Amphisbaena, Schlangen mit Drachenflügeln. Dazu hat die Amphisbaena noch einen zweiten Kopf am Schwanzende und zwei Beine. Von ihr behauptete Plinius[4], daß sie lebend Schutz bei Schwangerschaft brächte und tot Genesung von Rheumatismus.

39
Drache nach einer mittelalterlichen Weberei

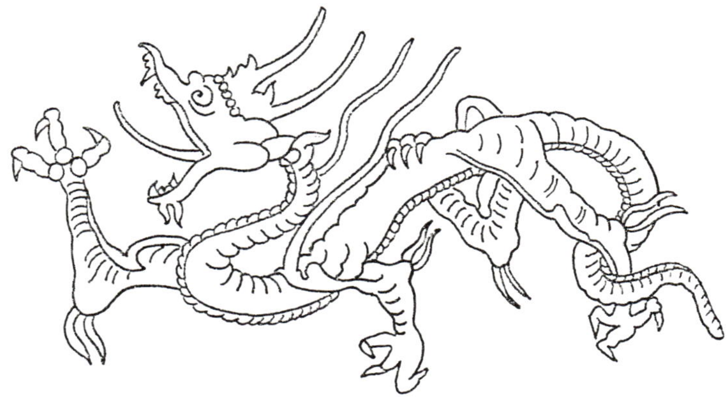

40
Japanischer Drache

41
Das Emblem des Kaisers von China und des Staates war ein goldener Drache mit Geweih und flammender Kugel. Die kaiserliche Farbe war Gelb.

42
Frei Interpretierung des Wappens von Moskau aus der späten Zarenzeit. Gegen Ende des 14. Jahrhunderts befand sich auf dem Siegel lediglich ein Ritter zu Pferde.
Unter Großfürst Iwan III. (1440–1505) wurde ein schwarzer Drache hinzugefügt. Sei 1730 wurde der Drachentöter als St. Georg bezeichnet. In späterer Zeit wurde der Drache golden mit grünen Flügeln dargestellt, und 1856 wurde das gesamte Schildbild nach heraldisch rechts gewendet, um mit dem westlichen Brauch übereinzustimmen, daß in der Heraldik im Profil gezeigte Lebenwesen gewöhnlich in diese Richtung sehen. (Rechts und links werden in der Wappenkunde vom Träger des Wappens aus gedacht, der hinter dem Schild steht.)

43
Das Wappen von Moskau vom 23. November 1993 knüpft wieder an die alte russische Tradition der vor-sowjetischen Zeit an. Das Schildbild ist wie in frühester Zeit nach heraldisch links gewendet, und der Drache ist wieder schwarz. Der Entwurf stammt von K. K. Iwanow.

44
Da es für den heraldischen Drachen kein bis in Details festgelegtes Vorbild gibt, ist dem Künstler bei seiner Gestaltung ziemlich viel Freiheit gelassen. Es muß aber beachtet werden, daß in manchen Wappen traditionsgemäß immer dieselbe Form benützt wird, oder daß diese, z. B. in Gemeindewappen, amtlich festgelegt sein kann.

45
Das Wappen von London hat zwei Drachen als Schildhalter und einen linken Drachenflügel als Helmzier, der sich aus einem ursprünglich fächerförmigen Schirmbrett entwickelt hat.
Der Bügelhelm im Wappen der englischen Hauptstadt ist eine Ausnahme, da sonst bei Städtewappen in England der Stechhelm mit geschlossenem Visier verwendet wird.

46
Die Stellung (stehend, schreitend, aufgerichtet, etc.) sowie die Farbgebung hängen, wie bei allen heraldischen Figuren, von der Blasonierung des Wappens ab. Es sollte auch immer angegeben werden, ob der Drache zwei oder vier Beine hat und ob er Feuer speit.

47
Wappen des Marktes Wiesau im Landkreis Tirschenreuth, Bayern. Der Drache erinnert an das Zisterzienserkloster Waldsassen, das von 1297 bis 1803 die Ortsherrschaft innehatte. Die Abtei hatte um 1440 den Drachen in ihr Wappen aufgenommen. Der silberne Schild mit dem blauen Balken geht auf das Stammwappen der Landgrafen von Leuchtenberg zurück, die ältesten Grundherren von Wiesau, die im 13. Jahrhundert den Ort an das Kloster verkauften.

48
Wappen einer Familie Hiltprand, die im 15. und 16. Jahrhundert zur Bürgerschaft der Stadt Basel gehörte. Die Helmzier besteht aus einem geflügelten Drachenrumpf.

49
Der Drache im Wappen der österreichischen Grafen von Wurmbrand-Stuppach hält einen an beiden Seiten brennenden Ast im Rachen, und aus seinen Ohren kommen Flammen hervor.

50
Der Drache des Marktes Lindenhardt im Landkreis Pegnitz, Bayern, bezieht sich auf eine volkstümliche Auslegung des Ortsnamens, denn dieser Drache wird als Lindwurm beschrieben (vgl. Abb. 59).

51
Das Wappen des Königs von Aragon

52
Wappen des Marktes Wartenberg im Landkreis Erding, Bayern. Der Drache geht auf einen Siegelabdruck von 1514 zurück.

53
Das Wappen der Familien von Drachenfels; die eine ist ein rheinisches Ministerialengeschlecht, die andere stammt von einem Vasallen des Deutschen Orden im Gebiet Rositten (Poln. Livland) ab. Ein Zusammenhang der beiden Familien ist urkundlich nicht nachweisbar.

55
Der Drache ohne Beine war usprünglich wohl eine Amphitera (vgl. Abb. 67). In der englischen Heraldik wird er, nach Elvins »Dictionary of Heraldry«, *wyvern sans legs* genannt.

54
Der zweibeinige Drache wird in der englischen Wappenkunde *wyvern* genannt, was wahrscheinlich von der giftigen Viper abgeleitet ist. Nach »Boutell's Heraldry« sind Kopf, Rücken und Beine grün und Brust, Bauch und die Unterseite der Flügel rot, wenn er als in natürlichen Farben beschrieben wird.

56
Der gehörnte Vogeldrache im Wappen der dänischen Amtskommune Bornholm, in der Blasonierung lediglich als Drache beschrieben, wirkt eigentlich mehr wie eine Abart der Cockatrice. Vgl. Abb. 76 u. 77.

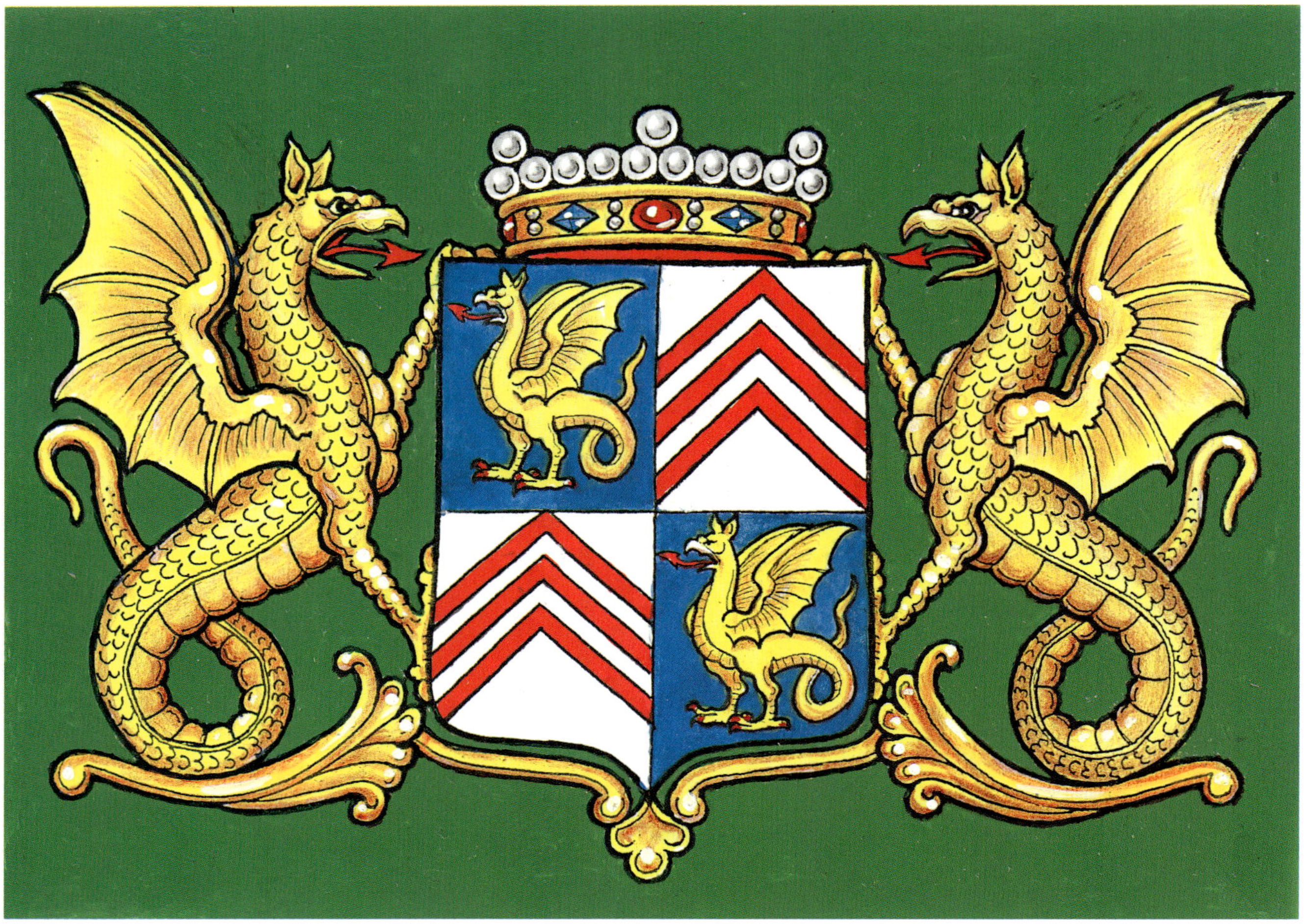

57
Wappen der ausgestorbenen Patrizierfamilie De Draeck aus Antwerpen, die 1781 durch Kaiser Leopold II. geadelt wurde. Das alte Wappen ist im ersten und vierten Feld des Schildes erhalten. Die Helmzier war der Drache wachsend. Die Krone ist eine im 17. Jahrhundert gebräuchliche Grafenkrone. (In der belgischen Heraldik findet man manchmal Adelswappen mit der offiziell verliehenen Krone eines höheren Ranges.)

58
Zweiköpfige Wyvern, aus beiden Enden Feuer speiend. Nach »Fairbairn's Crests« kommt sie z. B. als Helmzier in den Wappen einiger englischer Familien vor.

59
Der Lindwurm ist ein Drache ohne Flügel. Im Althochdeutschen bedeutete *lind* oder *lint* eine Schlange. Im Niederländischen bezeichnet *lintworm* einen Bandwurm.

60
Der zweibeinige Lindwurm wird in der englichen Heraldik *wyvern sans wings* genannt.

61
Der dänische Kapitän Henrik Rot wurde 1646 mit dem Namen Linderot geadelt und erhielt dieses Wappen mit dem einen Dreizack haltenden zweibeinigen Lindwurm mit Adlerkopf, den die Helmzier wiederholt.

62
Zweibeiniger Lindwurm

63
Doppelköpfiger Drache

64
Die Hydra kommt der Heraldik als Drache mit sieben Köpfen vor. Ihre natürliche Farbe ist grün. In »Fairbairn's Crests« ist sie mit Adlerköpfen und Vogelbeinen dargestellt.

65
Meer- oder Seedrache

67
Der Drache (griech. *drakon,* lat. *draco*) war ursprünglich eine riesige Schlange. Die hier abgebildete Amphitera sowie die Amphisbaena (unten) sind Vorläufer des mittelalterlichen Drachen. Anfänglich hatten sie Vogelflügel.

66
Die fliegende Schlange mit zwei Köpfen und Beinen wird Amphisbaena genannt. Sie darf nicht mit den Ringelechsen gleichen Namens, die in Südamerika und Asien vorkommen, verwechselt werden.

68
Löwenlindwurm

70
In Körners »Handbuch der Heroldskunst« ist ein solches Ungetüm im Wappen Mondragon abgebildet. Mit Adlerflügeln und Drachenschwanz ist es in Pamas »Heraldiek en Genealogie« als Monsterdraak (niederl.) wiederzufinden.
Beide lassen sich wahrscheinlich von den Männerdrachen des Raimund de Montdragon aus der Provençe herleiten.

69
Löwendrache

71
Im Siegel eines Raimund de Montdragon aus dem 12. Jahrhundert stehen sich zwei derartige Ungetüme gegenüber.
Sie haben Männerköpfe mit Schlangenbärten, Vogelflügel und beider Schwänze enden mit einem Drachenkopf.

Der Basilisk

Zu den auf verschiedenste Weisen beschriebenen Fabeltieren gehört der Basilisk, der mit der Kroneidechse gleichen Namens nichts zu tun hat. In der »Naturalis historia« des Plinius d. Ä. wird er als Schlange mit einem blaugrünen, kronenförmigen Fleck auf dem Kopf beschrieben, während er nach anderen Quellen eine gelbe afrikanische Schlange mit einem weißen Fleck und drei spitzen Auswüchsen auf dem Kopf sein soll. Sein Zischen war schon tödlich, und sein giftiger Brodem konnte Gras und Sträucher versengen sowie Steine sprengen. Als König (Basileus) aller Gifttiere schlug er sogar Giftschlagen in die Flucht.

Nach mittelalterlichen Beschreibungen schlüpfte der Basilisk aus einem dotterlosen Hahnenei, das eine Kröte auf dem Misthaufen ausgebrütet hatte. Er wird als drachen- oder schlangenartiges Tier beschrieben, das einen Hahnenkopf, acht Hahnenbeine und einen dreispitzigen Schlangenschwanz hat. Er trägt eine Krone und hat scharfe, funkelnde Augen, einen großen, krummen Schnabel und einen hohen spitzen Kopf, auf dem ganz oben das kleine Krönchen sitzt.

In Schauergeschichten erscheint er häufig als Wächter von Schätzen und hält sich in Höhlen oder Kellern auf, deren Luft er verpestet. Da sein Blick tödlich war, sah man die einzige Möglichkeit, ihn zu töten, darin, daß man ihm einen Spiegel vorhielt. Das Wiesel war das einzige Tier vor dem der Basilisk die Flucht ergriff und das ihn auch erlegen konnte.

Als heraldische Figur ist der Basilisk eine Mischung aus Hahn, Schlange und Drache. Wenn der Schwanz pfeilspitzenförmig endet, dann wird der Basilisk in der englischen Heraldik Cockatrice genannt (Abb. 77).

73
Der Basilisk der Wappenkunst basiert auf frühen Vorstellungen wie dieser.

72
Nach mittelalterlichen Beschreibungen könnte man sich den Basilisk auf diese Weise vorstellen, doch ist er so nicht in die Heraldik gelangt.

74
Als Mischwesen aus Hahn, Schlange und Drache erscheint der Basilisk in der Heraldik.

76
Wenn der Schwanz des Basilisken pfleilspitzenförmig endet statt mit einem Schlangen- oder Drachenkopf, dann wird das Biest in der britischen Wappenkunst als Cockatrice bezeichnet. Die Bezeichnung »englischer Basilisk« ist daher nicht zutreffend.

75
Wesentlich bei der Darstellung des kleinen Königs (regulus) der Gifttiere sind der Hahnenkopf, die Hahnenbeine, der Schlangen- oder Drachenkörper mit dem Kopf am Schwanzende sowie die Drachenflügel. Innerhalb dieser Grenzen ist dem Zeichner bei der Formgebung (Proportionen und Stilisierung) viel Freiheit gelassen. Abweichungen von dem allgemeinen Vorbild kommen vereinzelt vor, z. B. in Abbildung 79.

77
Cockatrice

78
Basilisk, den Wappenschild der Stadt Basel haltend. Durch Abbildungen wie diese, angeregt durch ein Druckersignet eines Johann Amerbach von 1511, wurde der falsche Eindruck erweckt, daß der Basilisk ein Riesenvogel sei, obwohl schon sein Name »kleiner König« bedeutet.

79
Der einem Adler ähnelnde Vogel im Wappen der alten Tatarenstadt Kasan hat einen Drachenschwanz und stößt eine Flamme aus seinem Schnabel hervor. Bereits im 16. Jahrhundert wurde er im Siegel geführt und 1721 als Wappenfigur bestätigt. Zumeist wird er als Basilisk beschrieben. Die Flügel des alten Zarenadlers waren mit je vier Wappenschilden belegt, von denen der erste auf dem rechten Flügel der des Gouvernements Kasan war.

Der Salamander

Der Salamander der Fabel hat mit dem harmlosen Molch kaum etwas gemein.
Nach mittelalterlichem Volksglauben gab es Geister, die den vier Elementen Erde, Wasser, Luft und Feuer vorstanden. Erdgeister waren die Gnomen, Wassergeister die Undinen, Luftgeister die Sylphen. Die Salamander waren die Feuergeister. Paracelsus[5] hat über dieses Thema eine Abhandlung geschrieben.
Man glaubte, daß der Salamander äußerst giftig sei, daß er im Feuer lebe und auch Feuer löschen könne. Schon Aristoteles[6] hatte behauptet, daß er durch Feuer laufen und es dabei auch noch löschen könne. Er war von Natur so kalt, daß seine Berührung des Feuers schon genügte, um es sofort ausgehen zu lassen. Wie sich das allerdings mit der Annahme verträgt, daß er im Feuer lebe, ist rätselhaft. Alchemisten dachten, ihn zum Goldmachen benützen zu können. Nach Plinius war es ihm möglich, ganze Völker zu vergiften, indem er Bäume, Früchte und Wasser mit seinem Gift verseuchte. Es genügte vollständig, den Backofen oder das Feuerholz zu berühren, um alle die, welche von dem dort gebackenen Brot aßen, zu vergiften. Wenn sein milchartiger, giftiger Speichel die Haut eines Menschen berührte, so fielen an dieser Stelle alle Haare aus, die Haut wurde weiß und begann zu verwesen. Plinius erwähnt auch unzerstörbare Kleidungsstücke, die durch Feuer gereinigt werden konnten. Sie sollten aus Salamanderwolle gefertigt gewesen sein. Da jedoch der Salamander weder haarig noch wollig ist, so nahm man an, daß er wie der Seidenwurm durch ein Puppenstadium gehe, aus welchem dann die Wolle gewonnen werden könne.
In der Heraldik wird der Salamander wie eine Mischung von Lindwurm und Eidechse, mit oft nach hinten gewandtem Kopf und schuppigem Körper, dargestellt. Entweder kommen aus seinem Körper eine Menge kleiner Flammen, oder er steht inmitten eines Flammenmeers. In der britischen Wappenkunst unterscheidet er sich kaum von einem flügellosen Drachen, der in einem ihn ganz umringenden Feuer steht.

80–81
Der Feuersalamander der Natur ist ein kleiner Molch, hat eine weiche, feuchte Haut und ist schwarz, mit unregelmäßigen gelben Flecken.
Mit dem Salamander der Heraldik hat er wenig gemeinsam, denn hier wird er meistens wie ein Zwischending von Lindwurm und Eidechse abgebildet.
In der Wappenkunst wurde er wohl am bekanntesten als Bilddevise[7] von König Franz I. von Frankreich (1494–1547).

82
König Franz I. von Frankreich ist der Gründer der Hafenstadt Le Havre. Er ist im Wappen der Stadt durch seine Bilddevise, den Salamander, vertreten. Im Schildhaupt sind die Lilien des königlichen Wappens, die eine »gute« Stadt Frankreichs bedeuten. Im rechten Obereck steht der belgische Löwe in Erinnerung an den Aufenthalt des Königs der Belgier in der Stadt während des Ersten Weltkriegs.

83
Der Salamander im Schildfuß des Wappens von Fontainebleau ist die Bilddevise von König Franz I. von Frankreich, der dort das Schloß erbauen ließ. Hier dankte Napoleon I. im Jahre 1814 ab. Das rechte Obereck mit dem Buchstaben N war unter Napoleons Herrschaft das Zeichen einer »guten« Stadt zweiten Ranges.
Zu seiner Zeit wurde der Stadt auch der kaiserliche Adler verliehen.

Der Greif und seine Abarten

Der Greif ist eines der wichtigsten und am weitesten verbreiteten Fabelwesen des Altertums, was durch zahllose Bildwerke altorientalischen Ursprungs, besonders von Babylon und Nordsyrien, belegt wird. In der späteren hellenischen Kunst wird er vielfach als architektonischer Schmuck verwendet und wie auch der Drache als Verzierung an Harnischen und Helmen angebracht. Man sah in ihm ein Symbol göttlicher Macht. Die Griechen machten ihn zum Attribut des Apollo, der Artemis, der Nemesis (als ihr Symbol legt er häufig eine Klaue auf ein Rad) und des Dionysos.

Im Mittelalter wurden fossile Rhinozeroshörner und Straußeneier aus dem Morgenland mitgebracht, die man für Greifenklauen und -eier hielt. Der Sage nach hatte er die Gestalt eines Löwen mit dem Kopf und den Flügeln eines Adlers sowie den Ohren eines Pferdes. Nach Älians[8] Beschreibung besaß er auf dem Rücken schwarze, auf der Brust rote und auf den Flügeln weiße Federn. Ktesias[9] behauptete, daß er sich in Indien sein Nest mit dem Gold baue, das er in den Bergen ausgegraben habe.

In der Heraldik wird der Greif im allgemeinen nicht in seiner Urform dargestellt, sondern als Vierbeiner, vorne ein Adler (mit Ohren) und hinten ein Löwe. Eine britische Eigenheit ist, daß man annimmt, der Greif sei weiblich. Deshalb hat man noch einen flügellosen männlichen Greifen erfunden. Aus seinem Körper kommen überall goldene Stachel- oder Strahlenbündel hervor, deren Bedeutung unklar ist.

Darüber hinaus kennt die englische Wappenkunst den Opinicus, der im Prinzip nichts anderes ist als der Urtyp des Greifen mit vier Löwenbeinen, von dem er sich nur durch einen kurzen Schwanz oder den eines Kamels unterscheidet. In »Civic and Corporate Heraldry« von Geoffrey Briggs ist ein Opinicus als Helmzier der Barbiere von London mit den Flügeln und dem Hals eines Drachen abgebildet.

Der Hippogryph oder Pferdegreif hat den hinteren Teil vom Pferd, der See- oder Fischgreif ist vorne Greif und hinten Fisch.

Der Greif kommt in unzähligen Wappen vor, als Schildfigur, als Helmzier und als Schildhalter. Als solcher fungierte er im Wappen von römisch-deutschen Kaisern und wurde vom österreichischen Kaisertum übernommen. Er war das Sinnbild der Wenden und kommt noch heute besonders häufig in Stadt- und Gemeindewappen des Ostseeraums vor.

Seit dem Beginn des 17. Jahrhunderts wurde der Greif in so vielen Wappen von Buchdruckern verwendet, daß man ihn als deren heraldisches Tier betrachten kann.

84
Weiblicher Greif, sein Junges säugend. Nach einem griechischen Bronzeblech, um 700 v. Chr.

85
Heraldischer Greif.
Aus Gründen der Komposition ist der Schwanz nach vorn zwischen die Beine gezogen. In der englischen Heraldik würde das *coward* (Feigling) bedeuten.

86
Das pommersche Greifenwappen geht zurück auf ein Siegel des Herzogs Kasimir I. von 1193, der mit seinem Bruder Bogislaw I. den Herzogstitel angenommen hatte. Die sich im Laufe der Zeit bildenden verschiedenen Zweige des Geschlechts führten alle den Greif im Wappen, aber in verschiedenen Farben. Mit Bogislaw XIV. erlosch das pommersche Herrschergeschlecht im Jahre 1637.

87
Das Wappen der Stadt Rostock ist schon seit 1367 in Gebrauch. Der goldene Greif auf blauem Grund war das Wappen der westslawischen Fürsten zu Rostock. Die untere, von Weiß und Rot geteilte Hälfte des Schildes hat die Farben der Hanse, was sich auf das Jahr 1318 bezieht, in welchem der Stadt das Lübische Recht verliehen wurde.

88
Greifenwappen einer Familie Berner, die von 1291 bis 1390 zur Baseler Bürgerschaft gehörte.

89
Das Wappen der belgischen Vicomtes Le Bailly de Tilleghem wird von zwei goldenen Greifen gehalten. Der Titel wurde von Kaiser Leopold II. 1789 verliehen. Die Rangkrone ist die eines belgischen Vicomte (niederländisch Burggraaf).

90
Es wurde früher allgemein angenommen, daß das Wappen der deutschen Buchdrucker auf eine Verleihung durch Kaiser Friedrich III. zurückging. Tatsächlich ist es aber eine Erfindung aus der Übergangszeit vom 16. zum 17. Jahrhundert. Die Helmzier, ein wachsender Greif, der zwei Druckerballen in den Fängen hält, symbolisiert die Drucker. Der nimbierte doppelköpfige Reichsadler, mit einem Tenakel und einem Winkelhaken in den Fängen steht für die Setzer. Das große gotische G bezieht sich auf Gutenberg.

91
Der Opinicus der britischen Heraldik. Er kann auch mit dem Schwanz eines Kamels abgebildet werden.

92
Opinicus mit den Flügeln und dem Hals eines Drachen.

93
Im Wappen von Östergötland in Schweden steht ein Greif mit der Zunge, dem Schwanz und den Flügeln eines Drachen.

94
Der »männliche« Greif ist ein Fabelwesen aus der englischen Heraldik.

96
Ein Pferdegreif mit vier Pferdebeinen und einem Löwenschwanz im Wappen eines Leonard Patrick Griffin irischer Abkunft in Schweden.

95
Der Hippogryph oder Pferdegreif ist normalerweise vorne ein Greif und hinten ein Pferd.

97
Fisch- oder Seegreif im Wappen der Herrschaft Usedom in Mecklenburg-Vorpommern.

Der heraldische Panther

Der heraldische Panther stammt aus der Naturkunde des Mittelalters und hat mit dem Panther aus der Natur nichts gemein. Sein Name soll eine Verballhornung von Pantier oder Pantel sein. Seine Gestalt ähnelt einem Greifen ohne Flügel und sein Kopf, etwas lang gezogen, an den eines Stieres. Manchmal erscheint er auch mit dessen Hinterbeinen.

Im Gegensatz zu seinem gefährlichen Aussehen soll er eigentlich sanften Gemütes gewesen sein, von sehr gutartiger Natur. Er soll auch eine wunderbare Stimme gehabt haben und einen angenehmen, heilbringenden Atem.

In Conrad von Megenbergs »Buch der Natur« steht, daß das Pantier, nachdem es sich an den feinsten Wurzeln satt gefressen hatte, sich in seine Höhle zurückzog und drei Tage lang schlief. Nach seinem Erwachen ließ es seine Stimme laut erschallen. Das zog die anderen Tiere an, und sie versammelten sich vor seiner Höhle. Dann erschraken sie aber so sehr vor seinem Anblick, daß das Pantier sich schleunigst wieder versteckte.

Der einzige Feind, den es hatte, war der Drache. In einem Bestiarium des 12. Jahrhunderts heißt es, daß sich der Drache, wenn er die von den anderen so geschätzte Stimme hörte, in seinem Schlupfwinkel verkroch und tot stellte.

Als Wappenfigur ist der heraldische Panther hauptsächlich in Österreich und Bayern zu Hause. Im Wappen des Freistaates Bayern erscheint er blau und mit goldener Bewehrung im dritten, silbernen Viertel des Schildes. Die Flamme, die aus seinem Rachen kommt, ist rot. Dieser Panther geht zurück auf das Dynastengeschlecht der Spanheimer. Nach deren Aussterben 1248 traten die Wittelsbacher durch Einzug der Lehen ihre Nachfolge an und benutzten den Panther von 1260 bis etwa 1390 als Nebenwappen. Nach alter Überlieferung war er ursprünglich rot. Daß er heute blau ist, rührt von den Wappenschöpfern des jetzigen Staatswappens her, die dabei an das Wappen von Ingolstadt dachten und glaubten, daß der Panther aus einem früheren Heerzeichen der bayerischen Herzöge stamme. Die bayrischen Panther haben, wenn sie in Ortswappen vorkommen, merkwürdigerweise keine Hörner, im Gegensatz zu denen in Österreich. Im Wappen der Steiermark steht im grünen Schild ein aufgerichteter, rot bewehrter und Feuer speiender silberner Pather, der im Wappen der Hauptstadt Graz gekrönt ist. Auf manchen Abbildungen stößt der Panther aus allen Körperöffnungen Flammen hervor, was aber keineswegs im Widerspruch zu dem sanften Charakter des Tieres steht, denn man wollte durch die Flammen den angenehmen Geruch ausdrücken, den es verbreitete.

In der englischen Wappenkunst besteht der heraldische Panther nicht in dieser Form, sondern wird als natürliche Raubkatze dargestellt, die mit kleinen runden Flecken in allen Farben bedeckt ist und sowohl aus dem Rachen als auch aus den Ohren Flammen hervorstößt.

98
Der heraldische Panther (Pantier, Pantel) war nach dem »Physiologus« Sinnbild der zweifachen Natur Christi als wahrer Gott und wahrer Mensch. Illustration nach einem Vorbild aus dem 16. Jahrhundert.

100
Auf dem Wappen der Steiermark ruht der historische steirische Erzherzogshut.

99
Graz, die Hauptstadt der Steiermark, führt den Steirischen Panther gekrönt als ihr Wappentier.

101
Der feuerspeiende blaue Panther im Wappen der bayerischen Stadt Ingolstadt ist seit etwa der Mitte des 14. Jahrhunderts das alleinige Wappenbild der Stadt. Seine Herkunft ist nicht restlos geklärt.

102–103
Panther mit Stierköpfen und -beinen sind u. a. im heraldischen Werk Konrad Grünenbergs zu finden.

104
Das alte oberösterreichische, teils gräfliche, teils fürstliche Geschlecht von Starhemberg brachte u. a. einen als Kommandant von Wien erfolgreichend Verteidiger der Stadt gegen die Türken (1683) und einen Großkomtur des Deutschen Ritterordens hervor (nach 1720). Unsere Illustration zeigt das Stammwappen der Familie.

Pegasos, das Flügelroß

Nach Hesiod ist der Pegasos ein von dem Meeresgott Poseidon mit der Gorgone Medusa gezeugtes Pferd mit Flügeln. Als Perseus der Medusa das Haupt abschlug, entsprangen ihrem Leib der Riese Chrysaor und der Pegasos. Andere behaupteten, daß das Flügelroß aus ihrem Blut entsprossen sei. Einige Dichter lassen es gleich nach der Geburt zum Olymp aufsteigen, wo es den Donner und die Blitze des Zeus trägt. Nach Pindar[10] hat Bellerophon auf dem Pegasos reitend die Chimäre erlegt und siegreich gegen die Amazonen gekämpft.

In späteren Fabeln hat man das Flügelroß an die Quelle der Pairene versetzt, wo es sich wild herumtrieb. Bellerophon bändigte es, mit Hilfe eines goldenen Zügels, den ihm Athene gegeben hatte. Er wollte auf ihm zum Olympos emporreiten, doch wurde er von einer von Zeus gesandten Bremse verfolgt. Pegasos warf ihn ab und flog allein zum Sitz der Götter. Nach Euripides[11] diente er dort so lange dem Zeus als Donnerroß, bis dieser ihn Eos, der Göttin der Morgenröte, schenkte.

Auch im Mythos von den Musen erscheint der Pegasos. Mit seinen Hufschlägen öffnete er die Musenquelle auf dem Gipfel des Helikon, die dann nach ihm Hippokrene (Roßborn) genannt wurde. Hiermit hängt sicher zusammen, daß man ihn in späterer Zeit als Dichterroß ansah, das die Poeten in musische Höhen trägt.

Heute gilt er, zum Beispiel in der englischen Heraldik, auch als Symbol für den Lufttransport. Er kommt auch, zur einen Hälfte geflügeltes Pferd, zur anderen Fisch, als See-Pegasos vor.

105
Pegasos

106
Aufsteigender Pegasos im Wappen der englischen Honourable Society of the Inner Temple.

107
Der Seepegasos der englischen Heraldik hat Hufe, während das geflügelte Seepferd sich von ihm durch seine Schwimmfüße unterscheidet.

108
Das Wappen des Historienmalers Peter von Cornelius (1783–1864), das ihm 1825 mit dem persönlichen Adel von Ludwig I. von Bayern verliehen wurde.

Das Einhorn

Es ist noch gar nicht so lange her, daß man ernsthaft an die Existenz des Einhorns glaubte. So steht zum Beispiel im Brockhaus von 1830, daß nach Prüfung der verschiedenen Nachrichten aus älterer und neuerer Zeit das Einhorn zu Unrecht in die Reihe der Fabeltiere verwiesen sei. Es existiere in der Gegend der altäthiopischen Stadt Meroe, sei von der Größe einer Kuh, vom Bau einer Gazelle, und das Männchen habe ein langes gerades Horn auf der Stirn.

Bei keinem anderen Mischwesen hat man so viel über sein mögliches Bestehen in der Natur argumentiert wie beim Einhorn. Man hat es vom Nashorn ableiten wollen oder das eine Horn als reine Profildarstellung erklärt, bei welcher ein Horn das andere verdecken würde.

Nach dem »Physiologus« ist das Einhorn ein kleines, schlaues, einem Böcklein ähnliches Tier von großer Kraft, das ein Horn auf der Stirn trägt. Wenn man es fangen wollte, dann mußte man ihm eine Jungfrau entgegenschicken. Das flüchtende Tier sprang ihr an die Brust und ließ sich von ihr festhalten. Nach einer anderen Lesart mußte sich eine Jungfrau in der Gegend, in welcher sich das Einhorn aufhielt, niedersetzen. Das gejagte Tier flüchtete dann zu ihr, verlor all seine Wildheit, legte den Kopf in ihren Schoß und fiel in Schlaf.

In Sammlungen des Mittelalters zeigte man Narwalzähne und Rhinozeroshörner, die als Hörner des Einhorns ausgegeben wurden. Auch wurde allen Ernstes geglaubt, daß sie, fein geraspelt eingenommen, als Antidot zu sämtlichen Giften wirksam seien. Man schrieb ihnen einen ungeheuren Wert zu. Die Schatzkammer der Markgrafen von Kulmbach soll vier solche Hörner besessen haben. Von ihnen wurden Raspelspäne nur an fürstliche Personen abgegeben, die glaubten, vergiftet zu sein. Im Jahre 1559 soll die Republik Venedig 30 000 Dukaten für ein solches Horn geboten haben. Bei einer Inventur im Schloß Windsor soll 1558, im ersten Regierungsjahr Elisabeths I., ein solches Horn mit 10 000 Pfund bewertet worden sein.

Die symbolische Bedeutung des Einhorns reichte vom Heiligen bis zum Profanen. Es wurde sogar zu einem mehrfach deutbaren Sinnbild Christi gemacht. Es verkörperte höfische Tugenden wie auch religiöse Moral, galt als Sinnbild der Jungfräulichkeit und wurde der Heiligen Justina als Attribut beigegeben.

Man sagte von ihm, sein Stolz, seine Reinheit und Ausdauer seien unvergleichbar, doch auch seine Wildheit und Kampfeslust.

In der Wappenkunst besitzt das Einhorn die Gestalt eines Pferdes, einer Ziege oder Gazelle. Es hat ein langes, gerades und in sich gewundenes Horn auf der Stirn und in den meisten Fällen noch einen Ziegenbart. Seine Hufe sind gespalten. In sehr alten Abbildungen fehlt gelegentlich der Ziegenbart, und das Tier hat Pferdehufe. Gewöhnlich hat es einen Schwanz wie der heraldische Löwe, kommt aber auch mit einem kurzen, buschigen oder einem Pferdeschweif vor. Da man das Einhorn für die reinste aller Kreaturen hielt, glaubte man, daß seine natürliche Farbe Weiß sei.

Neben dem normalen Einhorn kommt schon sehr früh ein Einhorn mit Fischschwanz in der Heraldik vor. Darüber hinaus gibt es noch ein geflügeltes Meereinhorn, daß der Phantasie eines englischen Herolds aus neuer Zeit entstammt. So dient es zum Beispiel im Wappen der Overseas League mit Adlerflügeln, Vorderbeinen mit Schwimmfüßen anstelle der Hufe und einem Fischschwanz als Schildhalter.

109
Das aufgerichtete Einhorn von Schwäbisch Gmünd, Baden-Württemberg, geht auf einen Siegelabdruck von 1277 zurück und ist seither das Zeichen der Stadt geblieben. Schwäbisch Gmünd, eine Gründung der Staufer um 1160 als Mittelpunkt ihrer Domänen, erwarb 1260 die Reichsunmittelbarkeit, die 1803 mit der Eingliederung in Württemberg verloren ging.

110
Das Wappen des wohl populärsten und gefeiertsten deutschen Dichters, Friedrich von Schiller, das ihm bei seiner Nobilitierung 1802 durch Kaiser Franz II. verliehen wurde. Der um die Helmkrone gelegte Lorbeerkranz steht für den »Poeta Laureatus«.

111
Das Einhorn im Stadtwappen von Giengen an der Brenz, Baden-Württemberg, erscheint schon im ältesten Stadtsiegel vom Ende des 13. Jahrhunderts. Giengen war ursprünglich im Besitz der Staufer und wurde nach der Mitte des 13. Jahrhunderts Reichsstadt. 1802 kam es an Württemberg. Die Bedeutung des Einhorns in diesem Wappen, wie auch in dem von Schwäbisch Gmünd (Abb. 109), ist nicht bekannt, könnte sich aber auf die Staufer beziehen.

112
Das Wappen der Schweizer Familie Schlecht, die im Wappenbuch der Stadt Basel eingetragen ist.

113
Einhorn als Schildhalter des alten königlichen Wappens von Schottland.

114
Wappen des Stuttgarter Verlegers Dieter Breitsohl.

115
Wappen eines kurländischen Geschlechts de Roklenge, das 1666 in Dänemark naturalisiert wurde. Die dänische Adelskrone über dem Schild wurde von König Christian V. (1646–1699) eingeführt.

116
Stammwappen der schottischen Familie Preston of Craigmillar. In Schottland ist es üblich, den Wappenspruch über der Helmzier anzubringen.

117–118
Das Meereinhorn erscheint sowohl mit Hufen als auch mit Schwimmfüßen in der Heraldik. Letzteres gilt hauptsächlich für England.

119
Das geflügelte Meereinhorn ist eine englische Erfindung aus neuerer Zeit. Es erscheint z. B. als einer der Schildhalter des 1960 verliehenen Wappens der Overseas League.

120
Kerberos

Der Kerberos

Im Sprachgebrauch hat sich eingebürgert, einen besonders scharf aufpassenden Wächter einen Cerberus (lat.) zu nennen, was auch boshaft gemeint sein kann.
Der Kerberos ist ein großer, bösartiger Hund mit drei Köpfen, einer Schlange als Schwanz und einem Fell, in dem es von Vipern wimmelt. Im griechischen Mythos bewachte er den Eingang zum Reich des Hades, der Unterwelt. Er ließ einen jeden hinein, aber keinen wieder heraus.
Eine der schwierigsten Aufgaben, die Eurystheus, der König von Mykenä, dem Herakles gestellt hatte, war, diesen Höllenhund an die Oberwelt zu bringen. Herakles, mit einem Brustpanzer bekleidet, den ihm Hephaistos, der Gott der Schmiedekunst, geschenkt hatte, und in ein Löwenfell gehüllt, stürzte sich unbewaffnet mit aller Macht auf das Ungeheuer und drückte ihm mit übermenschlischer Kraft den Hals zu, während der Schlangenschwanz wütend nach ihm biß. Schließlich gelang es ihm, den Kerberos zu überwinden und an die Oberwelt zu bringen.
Auf Vasenmalerein sind die Vipern im Fell des Kerberos nicht immer angedeutet. In der Wappenkunst müssen Figuren immer klar erkennbar sein, besonders, wenn man an Verkleinerungen, z. B. auf Siegeln, denkt. Die kleinen Schlangen könnten die Zeichnung unklar erscheinen lassen und deshalb weggelassen werden. Wichtig für die Erkennbarkeit des Kerberos sind allein die drei Köpfe und der Schlangenschwanz. Ihn mit einem Drachenschwanz abzubilden, ist falsch, denn es entspricht nicht der Sage.

Der Vogel Phönix

Der Phönix, ein sagenumwobener heiliger Vogel der alten Ägypter, wurde Benu genannt und als Seele des verstorbenen Gottes Osiris angesehen. Er war von adlerähnlicher Gestalt und hatte purpur- und goldfarbiges Gefieder. Auf ägyptischen Darstellungen gleicht er allerdings mehr einem Reiher.
Von den vielen Geschichten, die im Altertum über ihn im Umlauf waren, ist am bekanntesten die, daß er alle fünfhundert Jahre aus Indien (oder Arabien) nach Heliopolis kam, wo er sich im Tempel des Sonnengottes ein Nest aus Gewürzen baute, in dem er sich, wie auf einem Scheiterhaufen, lebendig verbrannte, um verjüngt aus seiner Asche wieder zu erstehen.
Nach einer anderen Leseart verbrannte er sich alle fünfhundert Jahre in seinem Nest und ging dann verjüngt aus seiner Asche hervor. Herange-

wachsen, brachte er dann die Reste seines vormaligen Körpers, in Myrrhe gehüllt, nach Heliopolis.

In einer alten englischen Version wächst innerhalb von drei Tagen ein kleiner Wurm aus der Asche, verändert langsam seine Form, bekommt Federn und entwickelt sich zu einem Vogel.

Man glaubte, daß es nur einen Phönix gab, daß außer ihm kein Artgenosse existierte. Als Symbol ewiger Verjüngung und der Unsterblichkeit gewann der Phönix später auch christliche Bedeutung.

In der Heraldik wird der Phönix als adlerartiger, aus einem Feuer wachsender Vogel dargestellt. Oft hat er eine besonders lange Feder auf dem Kopf oder eine kleine Federhaube wie der Pfau. Als seine natürliche Farbe wird Purpur angenommen.

Königin Elisabeth I. von England benützte, genau wie ihre traurig berühmte Rivalin Maria Stuart, einen Phönix als Bilddevise (engl. *badge*).

122
Die lange Feder auf dem Kopf des Phönix kann den Vogel zwar dekorativer machen, ist aber kein notwendiges Attribut. Auch das Holz oder ein Nest können weggelassen werden. Wesentlich bei der Darstellung des Phönix sind der Vogel selbst und die Flammen.

121
Name und Farbe des Vogel Phönix kommen wohl von den Phönikern, die wahrscheinlich die Herstellung von Purpur (griech. *phoinix*) aus Seemuscheln des Mittelmeeres erfunden haben.

Dazu gehörte bei Elisabeth das Motto SEMPER EADEM und bei der Königin der Schotten EN MA FIN MON COMMENCEMENT, das sie von ihrer Mutter, Maria von Lothringen, geerbt hatte.

Mehrere Jahre nach dem Zweiten Weltkrieg brach im Schloß der Fürsten zu Hohenlohe-Langenburg ein schrecklicher Brand aus. Wer heute das Gebäude in neuem Glanz sieht, dem wird der Wappenspruch des Hauses sinnvoll erscheinen. Er lautet: EX FLAMMIS ORIOR.

Meerjungfrauen, Sirenen und die Melusine

Meerjungfrauen, Seejungfern oder Wassernixen sind im Volksglauben des mittelalterlichen Menschen zu Hause, während die Sirenen in der Mythologie der Antike verwurzelt sind. In der Heraldik ist die Sirene mit der Meerjungfrau gleichgestellt. Man versteht darunter eine meist nackte Frauengestalt, die anstelle des Unterleibs und der Beine einen Fischschwanz hat. Manchmal ist die Hüftpartie von einem Röckchen bedeckt, dessen unterer Rand blattartig gezackt ist. Wird in der Wappenbeschreibung nichts anderes angegeben, dann sind Kopf und Oberkörper in natürlichen Farben gehalten, und der Fischschwanz mit dem Röckchen ist grün tingiert.

Die Meerjungfrau kann, wie zum Beispiel im Wappen von Warschau, Schild und Schwert halten, doch erscheint sie besonders häufig mit einem Handspiegel und ihr Haar kämmend. Eine andere Art der Meerjungfrau, die hauptsächlich als Sirene bezeichnet wird, hat den menschlichen Beinen entsprechend zwei Fischschwänze.

Dann gibt es noch die Vogel- oder Adlersirene, die in der Heraldik selten zu finden ist, aber die älteste Sirenenform darstellt. Sie hat den Oberkörper einer jungen Frau mit Flügeln auf dem Rücken. Der Unterleib und die Beine sind die eines Raubvogels. Kein Wunder, daß sie manchmal mit der Harpyie verwechselt wird, doch im Unterschied zu dieser hat die Vogelsirene meistens menschliche Arme und Hände.

In der »Odyssee« werden die Sirenen, die die Seeleute durch ihren betörenden Gesang ins Verderben lockten, nicht beschrieben. Doch weiß zum Beispiel das »Bestiarium« eines Guillaume Le Clerc de Normandie von 1211, daß sie vom Gürtel aufwärts Frauen waren, der andere Teil jedoch Fisch oder Vogel.

Nach den ältesten Quellen ist die Benennung der Meerjungfrau als Melusine falsch. Die populärste Form dieser Sage stammt von Jean d'Arras. In dessen »Chronique de la princesse« Graf Raymond von Poitou im Wald die wunderschöne Melusine entdeckt. Er ist von ihrer Schönheit so hingerissen, daß er sie auf der Stelle bittet, seine Frau zu werden. Sie nimmt seinen Antrag an, doch stellt sie die eine Bedingung, daß er sie niemals an einem Sonnabend sehen dürfe. Die Ehe der beiden wird sehr glücklich, und Melusine schenkt ihrem Mann mehrere Söhne. Fünf Jahre hält Raymond sein Versprechen, doch überkommt ihn die Neugier an einem Sonnabend so stark, daß er durch ein kleines Loch in der Tür blickt. Zu seinem Entsetzen muß er entdecken, daß seine Frau vom Nabel abwärts eine fürchterliche Schlange ist, mit einem Schwanz von Silber und Blau. Schockiert stößt er das Wort Schlange aus, worauf die erschreckte Melusine mit einem Angstschrei zum Fenster hinausfliegt. – Nach dieser Erzählung müßte man sich die Dame als geflügeltes Schlangenweib vorstellen, oder im völligen Verwandlungszustand als fliegende Schlange.

Merkwürdigerweise hat sich in späterer Zeit eine andere Version der Sage entwickelt, so daß aus dem Schlangenweib eine Meerfrau wurde. So steht zum Beispiel in »Meyer's Großem Konversationslexikon« von 1906: »Melusine, nach französischer Sage eine Meernixe, halb Weib, halb Fisch, erschien dem Grafen Raymund von Poitiers, der sie (mit ihren Schätzen) heimführt. Sie baute das Schloß Lusignan, verschwand aber, als sie Raymund einmal im Bad überrascht hatte, und ließ sich nur noch auf einem hohen Turm des Schlosses in Trauerkleidern sehen, wenn einer aus diesem Geschlecht sterben sollte.«

123
Die Meerjungfrau wird häufig sich kämmend und in einen Handspiegel blickend dargestellt.

125
Wappen der polnischen Hauptstadt Warschau, die bis 1526 die Residenz der Herzöge von Masowien war und 1550 von König Sigismund II. August zur königlichen Residenz erhoben wurde. Das Wappen mit der Meerjungfrau wird erst seit dem 18. Jahrhundert geführt. Das alte Wappen zeigte eine Vogelsirene mit einem Löwenschwanz.

124
Doppelschwänzige Meerjungfrau (Sirene), auf der Lyra musizierend.

pro luce nobilis sum ·

126
Das Wappen des belgischen Malers James Ensor, der 1930 mit dem Titel Baron geadelt wurde, hat zwei bekränzte, Violinschlüssel haltende Sirenen als Schildhalter.

127
Doppelschwänzige Sirenen im Wappen einer Familie Wybert aus Basel.

128
Doppelschwänzige Sirene im Wappen der 1753 ausgestorbenen Nürnberger Patrizierfamilie Rieter von Kornburg.

129–130
Vogelsirene, wie sie wohl in früher Zeit den Vorstellungen entsprach. Sie erscheint z. B. in dieser Form auf Vasenmalereien des klassischen Altertums. Der Sage nach hatten die Sirenen nur so lange zu leben, wie es ihnen gelang, durch ihr Singen vorbeifahrende Seeleute in den Untergang zu locken.
Als das bei Odysseus nicht gelang, stürzten sie sich in die See und wurden in Klippen verwandelt.
Eine spätere Form der Sirene, halb Mensch, halb Vogel, ist durch die Arme und Hände vom Jungfrauenadler (Harpyie) unterschieden. Im Volksglauben der alten Griechen bedeutete sie die verschiedene Seele und erscheint deshalb auch auf Grabmälern.

131
Nach den frühesten Legenden müßte man sich die Melusine, in einem Übergangsstadium ihrer Verwandlung, als geflügeltes Schlangenweib vorstellen.

Meermänner, Tritonen

Ursprünglich gab es nur einen Triton, nämlich den Sohn des Meer- und Wassergottes Poseidon und der Amphitrite, der Königin des Meeres, welche die Wellen bewegt. Er wurde allgemein als einer der wichtigsten Meergötter angesehen, doch wird er merkwürdigerweise von Homer nicht erwähnt, und Hesiod bezeichnet ihn als einen gewöhnlichen Wassergott. Auf ihn wurde das Brausen des Meeres zurückgeführt. Wenn Poseidon es ihm befahl, dann blies er auf seiner Muschel und besänftigte die tobende See. Er konnte jedoch auch so schreckliche Töne aus seiner Muschel herausholen, daß er im Krieg der Götter mit den Titanen diese in die Flucht trieb. Er soll überaus stolz auf seine Kunst gewesen sein, so daß er sogar Misenus, den Steuermann des Äneas, tötete, weil der es gewagt hatte, mit ihm im Blasen wetteifern zu wollen.

Später wurde Triton zu einem der unteren Meerdämonen, und schließlich erschienen sogar mehrere Tritonen, welche den Nereiden, Töchtern des Meergreises Nereus, zum Reiten und als Gespann dienten.

In der Heraldik wird der Triton meistens als bärtiger Meermann dargestellt, dessen Unterleib in einen oder zwei Fischschwänze ausläuft. Selten hat er als Ichthyokentaur oder Meerkentaur die Vorderbeine eines Pferdes. Große spitze Ohren sind typisch für ihn, und sein Haar, sein Bart und der Fischschwanz können grün tingiert sein. Häufig bläst er in ein Muschelhorn oder hält einen Dreizack. Er erscheint auch behelmt und mit Brustpanzer, einen Schild haltend und ein Schwert schwingend.

Der griechische Schriftsteller Pausanias[12], Autor der »Periegesis«, beschrieb die Tritonen als besonders groteske Geschöpfe. Nach ihm glich ihr Haar grünem Sumpfkraut, und ihre Körper starrten von feilenartigen harten Schuppen. Sie hatten eine menschliche Nase, blaue Augen und weite Mäuler mit scharfen Tierzähnen. Unter den Ohren hatten sie Kiemen wie die Fische. Ihre Hände waren schuppig, und die Finger besaßen Krallen. Auf der Brust und auf dem Bauch trugen sie Flossen. Sie hatten menschliche Stimmen und bliesen auf Schneckengehäusen.

Poseidon, den die alten Römer mit ihrem Neptunus gleichsetzten, gehört nicht zu den Mischgestalten. Wenn er in der Wappenkunst erscheint, dann entweder als nackter Mann mit lang herabhängendem Haar und Bart, der einen Dreizack hält, oder mit einem griechischen Gewand bekleidet und eine antike Krone (mit zackigen Spitzen) tragend. Der Dreizack ist sein bleibendes Kennzeichen. Manchmal kommt aber auch ein gekrönter Triton vor, der fälschlich als Neptun bezeichnet wird.

132
Fischmensch oder Flußgott, nach einem Relief aus Tell Halaf, um 900 v. Chr.

133
Triton oder Meermann. Er könnte auch ein Schwert schwingen und einen Brustpanzer tragen.

134
Triton oder Meermann, in sein Muschelhorn blasend.

135
In der Heraldik kommt ein gekrönter Triton mit Dreizack vor, der Neptun genannt wird.

136
Das Wappen des bekannten finnischen Heraldikers Gustaf von Numers.

Harpyien, Jungfrauenadler, Vogelmenschen

Die Harpyien sind Vogelweiber, die von Homer als schnell dahinraffende Sturm- und Todesgöttinnen beschrieben werden. Nach Hesiod waren sie die geflügelten Töchter des Thaumas, der im griechischen Mythos als Personifizierung der Wunder des Meeres galt, und der Okeanide Elektra. Sie hießen Aello und Okypete. Manchmal wird noch eine dritte, Kelaeno, erwähnt. Sie hausten auf einer Insel im Ionischen Meer, und wenn sie im Sturmflug auf das Wasser zustürzten, dann packten sie alles, was auf ihrer Bahn lag, mit ihren Fängen.

In der Argonautensage wurde der blinde Seher Phineus von ihnen gepeinigt, indem sie ihm alle Nahrungsmittel stahlen und was übrig blieb besudelten, so daß er ständig von Hunger gequält wurde. Schließlich wurde er von Kalais und Zetes, den Söhnen des Boreas, von diesen Plagegeistern befreit.

Es ist schwierig, sich vorzustellen, warum ein so übel beleumundetes Wesen als Wappenfigur ausgesucht werden konnte. Es ist wohl anzunehmen, daß das nicht immer in Kenntnis der griechischen Sagen geschah, sondern aus spielerischer Freude an einem grotesken Geschöpf, das überdies, von vorn mit ausgebreiteten Flügeln gesehen, eine recht dekorative Wirkung hat. So wird in der deutschen Heraldik weniger von einer Harpyie als von einem Jungfrauenadler gesprochen. Da er meistens gekrönt ist, kann man ihn hier als Gegenstück zum Königsadler ansehen.

Besonders berühmt geworden ist der Jungfrauenadler durch einen Holzschnitt Albrecht Dürers von 1521, auf dem das Wappen des Heiligen Römischen Reiches über den beiden Wappen von Nürnberg schwebt. Auch das Wappen der Stadt Emden hat mit seinem wachsenden Jungfrauenadler über der Stadtmauer eine gewisse Berühmtheit erlangt. Er stammt aus dem Wappen der Cirksena, die als Grafen von Ostfriesland 1464 die Stadt zur Residenz erwählt hatten. Zwar wird er im Wappenbrief von Maximilian I. ausdrücklich Harpyie genannt, wird aber volkstümlich »Engelke up de Muer« genannt. In veränderten Farben erscheint die Dame dann im Wappen des Fürstentums Liechtenstein, wo sie Ostfriesland repräsentieren soll (erlangt durch Heirat des Fürsten Gundakar 1604).

Außer der in Deutschland üblichen Form erscheint die Harpyie auch mit angelegten Flügeln von der Seite gesehen und mit herschauendem Frauenkopf, zum Beispiel in der englischen Heraldik. Daneben gibt es in der Wappenkunst noch eine Reihe von Vogelmenschen, die man schwerlich mit der Harpyie in Verbindung bringen kann.

Rodney Dennys zeigt in seinem Buch »The Heraldic Imagination« Beispiele von in Wappen verwendeten und als Harpyien beschriebenen Vogelweibern. Er benützt dabei gezeichnete Kopien nach Abbildungen in Manuskripten des 15. Jahrhunderts. Im Falle der Helmzier eines Sir Harry Asheley hat das behelmte Vogelweib offensichtlich den Körper eines Falken, der überdies noch Schellen an den Beinen trägt. Im silbernen Wappenschild eines William Tenterden stehen auf einem roten Schrägbalken drei silberne Harpyien, deren Körper mehr an Spatzen als an Raubvögel, wie den Geier oder Adler, erinnern. Wahrscheinlich hat man sich bei Vogelweibern damals keine Gedanken über ihre Verbindung mit der Argonautensage gemacht und alles, was einen Vogelkörper mit einem Frauenkopf besaß, als Harpyie bezeichnet.

137
Die Harpyien der griechischen Sage waren zerstörerische Vogelweiber, die in der Heraldik als Jungfrauenadler eine ausgesprochene Veredelung erfuhren. Eine andere Darstellungsweise mit zwei Löwenbeinen anstelle der Adlerklauen oder mit Drachenflügeln und einem Schlangenschwanz entspricht nicht den Furien der Argonautensage in der Zwittergestalt von Jungfrau und Raubvogel.

138
Auch harmlos aussehende Vögel mit angelegten Flügeln und hersehenden Frauenköpfen sind in der englischen Heraldik als Harpyien bezeichnet worden.

139
Ein solches geflügeltes Schlangenweib kommt als Helmzier einer englischen Familie Pochin of Barkby vor und wird in der Wappenbeschreibung Harpyie genannt.

140
Das »große Wappen« der Stadt Nürnberg. Bereits 1219 war der Stadt Nürnberg von Friedrich II. der erste Freiheitsbrief verliehen worden, durch den sie nur dem König untertan war, und noch im selben Jahrhundert erscheint der Adler mit dem Königshaupt auf Siegeln. Als Schildfigur ist er durch Bauplastiken seit dem 14. Jahrhundert bekannt und durch Abbildungen und Literatur seit dem 15. Jahrhundert bestätigt. Seit dieser Zeit veränderte er sich jedoch in einen Jungfrauenadler. Schließlich wurde das alte Königsadlerwappen 1936 erneut verliehen.

141
Seit dem 15. Jahrundert verdrängte die Harpyie zunehmend den Königsadler aus dem Wappen von Nürnberg. Manchmal waren ihre Brüste unbedeckt und manchmal auch mit Federn bekleidet. Man deutete sie als Nymphe Noris. Erst in neuerer Zeit mußte sie wieder dem Königsadler weichen.

142
Das von Maximilian I. im Jahre 1495 verliehene Wappen der Stadt Emden. Die Harpyie weist auf das Wappen der Grafen von Ostfriesland.

143
Harpyie im Wappen des friesischen Grafengeschlechts der Cirksena. In einer anderen Version ist die Lilie der Helmzier von zwei silbernen Straußenfedern flankiert. Ulrich Cirksena wurde von Friedrich III. zum Reichsgrafen erhoben und mit der Reichsgrafschaft Ostfriesland erblich belehnt (1454). Das Haus Cirksena erlosch 1744.

144
Das redende Wappen eines Wolfgang Vogelmann, der 1553 als Stadtschreiber von Nördlingen erwähnt wird.

145
Das Wappen einer Familie von Mutzwiler, die im 14. und 15. Jahrhundert in Basel ansässig war, hat einen wachsenden Jungfrauenadler als Helmzier.

Die Kentauren und ihre Abarten

Nach dem griechischen Mythos waren die Kentauren ein wildes, ungezügeltes Volk, das in den Bergen Thessaliens hauste. Sie waren Nachkommen von Kentauros, dessen Söhne mit Stuten diese Rasse von Mischwesen, halb Mensch, halb Pferd, gezeugt hatten. Sie waren lüstern auf Frauen und dem Trunk ergeben. Den Sieg über diese Mischwesen verherrlichen die um 440 v. Chr. in der Werkstatt des Phidias geschaffenen Metopen vom Parthenontempel der Akropolis in Athen (heute im British Museum in London).
Von ganz anderer Abkunft war Cheiron. Sein Vater war Kronos, der jüngste der Titanen, seine Mutter die Okeanide Philyra. Der Sage nach war er Erzieher und Lehrmeister berühmter Helden sowie auch des Achilleus, den er in allen kriegerischen und musischen Künsten unterrichtete. Er erforschte die Heilkräfte von Kräutern und galt als großer Wundarzt. Bei der Verfolgung zu ihm flüchtender Kentauren traf ihn Herakles versehentlich mit einem Giftpfeil. Da gab er, um sterben zu können, seine Unsterblichkeit zugunsten des Prometheus auf. Sein Bild wurde als Schütze (Sagittarius) unter die Sterne versetzt. Hieran knüpft die Darstellung des Tierkreiszeichens Schütze in den Kalendarien des Mittelalters in Gestalt eines Kentauren an. In diesem Zusammenhang steht auch die Wiedergabe von jagenden Kentauren die der romanischen Bauplastik, zum Beispiel an einem Kapitell (um 1120) in der Turmhalle des Mainzer Doms.
Ein besonders lüsterner Kentaur war Nessos, der Deianeira, der Frau des Herakles, Gewalt antun wollte. Von Herakles tödlich durch dessen Pfeile verwundet, gab er sterbend Deianeira von seinem geronnenen Blut als Mittel, das ihr die Liebe ihres Mannes sichern sollte. Im weiteren Verlauf der Sage sendet dann Deianeira, eifersüchtig geworden auf die von Herakles gefangengenommene Jole, ein mit dem vergifteten Blut gefärbtes Gewand zu ihrem Mann, der es für ein Opfer, das er dem Zeus bringen will, anlegt, und so qualvoll seinen Tod findet. Zu literarischen Ehren gelangte Nessos in Dantes »Göttlicher Komödie«; hier dient er – am Blutstrom – Dante und Vergil als Reittier.
In der Kunst des Altertums findet man Kentauren, die aufrecht auf zwei Pferdebeinen stehen und einen Roßschweif haben. Von den Satyrn sind sie kaum zu unterscheiden. Andere besitzen Menschengestalt, die mit dem Hinterleib eines Pferdes verbunden ist.
Daneben gibt es auch eine Mischung von Mensch und Esel sowie Kentauren mit dem Körper eines Rindes. Ein heraldisches Beispiel des letzteren ist im Stadtwappen von Taormina auf Sizilien zu finden, das einen weiblichen Vertreter dieser Rasse aufweist.
Der Löwenkentaur erscheint in einem Wappen, das man in England König Stephen (1096–1154) zuschreibt. In einer Version sind es sogar drei übereinander stehende, hersehende und mit dem Bogen schießende Löwenkentauren. Sie stehen auf Rot, haben goldene Löwenkörper mit silbernen Männerleibern und sind mit goldenen Bogen bewaffnet.
Der Meerkentaur, auch Ichthyokentaur genannt, ist in seiner oberen Hälfte menschlich, hat die Vorderbeine eines Pferdes und als Hinterleib einen Fischschwanz. Der italienische Maler und Kupferstecher Andrea Mantegna hat ihn mit Flossenfüßen anstelle der Hufe dargestellt.

146
Der mit dem Bogen schießende Kentaur wird in der Heraldik Sagittarius genannt, wie das Sternbild des südlichen Himmels in der Nähe der Milchstraße. Nach einigen Legenden bezieht sich der Schütze auf den Kentaur Cheiron, nach anderen auf Krotos, den Erfinder des Bogenschießens, der mit den Musen auf dem Berg Helikon lebte.

147
Kentaur, wie er in frühen Abbildungen vorkommt.

148
Der Kentaur, ursprünglich auch Hippokentaur genannt, in seiner bekanntesten Form, in der er auch in die Heraldik gelangte.

149
Bukentaurin im Stadtwappen von Taormina in Sizilien. Die Stadt wurde um 360 v. Chr. mit dem Namen Tauromenion von den Sikulern, einem den Ligurern verwandten Volk, gegründet.

150
Das Wappen des Malers und Bildhauers Franz von Stuck (1863–1928), welches ihm 1906 bei seiner Erhebung in den bayrischen Adelsstand verliehen wurde.

151
Die Bukentauren sind Mischwesen aus Mensch und Rind.

152
Stiermensch mit kupiertem Schwanz im Phantasiewappen, das Konrad Grünenberg Nebukadnezzar, dem bedeutendsten König des chaldäischen Reiches, zugeschrieben hat.

153
Ein goldener, bogenschießender Löwenkentaur im roten Schild ist eine Version des Wappens, das man König Stephen von England zugeschrieben hat (König 1135–1154).

154
Ob man das Pferdefräulein im Wappen der alten Nürnberger Familie Krauter (Chrauter) eine Kentaurin nennen kann, ist fraglich, denn ihr fehlen der menschliche Rumpf und die Arme.

155
Der Ichthyo- oder Meerkentaur ist ein Triton mit den Vorderbeinen eines Pferdes.

Sphinxe und ähnliche Geschöpfe

Beim Wort Sphinx denkt man unwillkürlich an das Monument der bzw. des Sphinx von Gise, das aus einem gewaltigen Felsen gehauen wurde, und wahrscheinlich stammt das männliche Fabelwesen Sphinx auch aus Ägypten, wo es als Verkörperung königlicher Macht angesehen wurde. Man liebte es, Könige als Sphinxe darzustellen, indem man dem vermenschlichten Kopf des Löwen die Gesichtszüge des Herrschers gab. Man bedeckte sein Haupt mit der königlichen Kopfbedeckung, an deren Stirnseite das Symbol der Königswürde, die Uräusschlange (Kobra), angebracht wurde. Daneben gab es auch als Verkörperung des Pharao Löwen mit Sperberköpfen. Durch die französische und englische Interessenpolitik in Ägypten (Ende des 18. bis ins 20. Jahrhundert) geriet der Sphinx mit dem Pharaonenkopf in die Heraldik der beiden Länder. Er ist männlich, rätselhaft, ruhend und würdevoll.

Die Sphinxe bzw. Sphingen des alten Griechenland erscheinen mannigfaltiger in Gestalt und Bedeutung, doch wurden sie immer als weiblich aufgefaßt. Die ursprüngliche griechische Sphinx wurde mit dem Körper eines Löwen mit Flügeln sowie dem Kopf und den Brüsten einer Jungfrau dargestellt. So wird sie auch in der Heraldik verwendet. In der Spätrenaissance und im Barock muß man sie als besonders dekorativ empfunden haben, denn sie wurde häufig als Skulptur an Eingängen von Palästen sowie in Parks und Gärten aufgestellt. Im Gegensatz zum ägyptischen Sphinx ist sie weiblich und hat Flügel. Ihr Charakter ist von grausamer Natur, und sie redet in Rätseln, die sie von den Musen erlernt hat.

Besonders berühmt ist die Sphinx von Theben aus dem böotischen Mythos geworden. Sie saß vor dem Tor der Stadt auf einem Felsen und plagte die Vorüberkommenden mit ihren Rätseln. Wer diese nicht erraten konnte, der wurde unbarmherzig gezwungen, sich in die Tiefe zu stürzen. Ödipus wagte es, sich mit der Sphinx zu messen, und sie gab ihm das folgende Rätsel auf: Welches Geschöpf geht am Morgen auf vier Beinen, am Mittag auf zweien und am Abend auf dreien, und ist, wenn es sich auf dreien fortbewegt, am ungeschicktesten und schwächsten? Als Ödipus die richtige Antwort fand (der Mensch, der im Alter am Stock geht), da stürzte sich die Sphinx wütend in den Abgrund.

In Kunst und Dichtung hielt man sich nicht immer an die ältesten überlieferten Vorbilder. Das hat sich natürlich auch auf die Heraldik ausgewirkt: Es entstanden geflügelte, weibliche ägyptische Sphinxe und griechische ohne Flügel oder mit Drachenflügeln und Drachenschwanz.

156
Der Alabastersphinx von Memphis, der wahrscheinlich aus der Zeit zwischen 1350 und 1200 v. Chr. stammt, wurde hier zum Vorbild genommen. Er ist besonders typisch für einen ägyptischen Sphinx, wie er in der Heraldik vorkommen kann, in die er erst spät gelangt ist.

157–157a
Julian Franklyn beschreibt in »Shield and Crest« die Sphinx »of Egyptian fame« irrtümlicherweise als Rätsel aufgebend und mit dem Kopf und den Brüsten einer Frau. Mit Flügeln versehen und eine Papyrusstaude haltend, erscheint sie als Helmzier einer Familie Ford aus Edinburgh (Abb. oben). Wenn man die Sphinx wie hier mit ägyptischen Stilmerkmalen versieht, dann sollte an der Stirn des Kopfschutzes die Kobra angebracht werden (Abb. rechts). Zwei Straußenfedern zierten nur den hohen kegelförmigen Kopfschmuck der Pharaonen.

158
In »Fairbairn's Crests« ist eine Sphinx abgebildet, die der traditionellen Vorstellung von der griechischen Sphinx entspricht und als Helmzier mehrerer britischer Familien vorkommt.

159
Im Ärchäologischen Museum zu Delphi befindet sich die Skulptur einer Sphinx, die zwischen 570 und 560 v. Chr. entstanden ist, nach der sich die Illustration in groben Zügen richtet. Die griechische Sphinx ist weiblich und hat Flügel. Sie paßt sich als geflügeltes Löwenweib, auch ohne griechische Stilmerkmale, besser dem heraldischen Stil an als die ägyptische.

160
Dieses Löwenweib im Wappen einer Familie Gottschler sollte nicht als Sphinx beschrieben werden, da ihm die typischen Merkmale sowohl der griechischen als auch der ägyptischen Sphinx fehlen. In Elvins »Dictionary of Heraldry« wird ein solches Wesen als Lampagoe bezeichnet.

161
Auch der Löwe mit dem Kopf eines bärtigen Mannes kann nicht als Sphinx bezeichnet werden, da ihm ebenfalls die typischen Merkmale fehlen. Er kommt in der englischen Heraldik als Man-Lion vor. Hier steht er im Wappen einer Familie Salzmann, die im 15. und 16. Jahrhundert zur Bürgerschaft der Stadt Basel gehörte.

162
Wappen der aus dem Bayerischen Wald stammenden Familie von Tungast zum Klebstein. Ob man beim Entwurf dieses Wappens an eine Sphinx gedacht hat? Wahrscheinlicher ist, daß dieses Löwenfräulein seine Entstehung dem Vergnügen verdankt, den man im Mittelalter am Grotesken fand.

163
Das Wappen der ausgestorbenen belgischen Adelsfamilie Vrancx d'Amelin hat als Schildhalter zwei Löwenweiber, die in der offiziellen Blasonierung als »deux Sphinx au naturel« bezeichnet werden, was für einen Wappenmaler, der das Wappen noch nie gesehen hat, zu ungenau wäre.

164
Königslöwe im Wappen der aus der Steiermark stammenden Familie Funk von Senfftenau. Ein schönes Steinrelief dieses Wappens befindet sich auf der Gruftplatte eines Andreas Funk von 1506 in der St. Martinskirche zu Memmingen.

165
Im Wappen einer Familie Weiß aus Augsburg steht ein gekröntes Löwenweib mit Drachenflügeln, das man als eine späte Abart der griechischen Sphinx ansehen kann.

166
Eine Abart der griechischen Sphinx mit der Gestalt eines Greifen steht im Wappen eines Branntweinbrenners Lienhart Mair, der 1548 als Ratsherr in Augsburg erwähnt wird. Das ein Szepter haltende, mit einer Heidenkrone gekrönte Mischwesen könnte man auch als Königsgreif bezeichnen.

167
Wappen des Augsburger Bürgers Georg Mayer, der 1547 von Kaiser Karl V. einen Wappenbrief bekam. Der Löwe hat den Kopf einer Mohrin, was im bayerischen Dialekt (Moar) als Anspielung auf den Namen Mayer (auch Moar) gedacht sein könnte.

Pan, Faune und Satyrn

Pan war ein griechischer Wald- und Weidegott, der ursprünglich hauptsächlich in Arkadien verehrt wurde. Manche behaupteten, daß er der Sohn des Zeus und einer Nymphe gewesen sei, während nach anderen Hermes, der Götterbote, sein Vater war. Er konnte den Menschen »panischen Schrecken« einjagen, was die Perser in der Schlacht von Marathon erlebten, als sie in Panik gerieten. Die dankbaren Athener weihten ihm eine Grotte und ehrten ihn fortan mit einem jährlichen Fackeltanz.

In den frühesten künstlerischen Darstellungen hat er ein rein menschliches Aussehen, bis auf zwei kleine Bockshörner über der Stirn. In späterer Zeit stellte man ihn sich animalischer vor, nämlich mit zottigem Haar und krummer Nase, bärtig, gehörnt und bocksbeinig.

Tagsüber durchstreifte er die Wälder und die Wiesen, trieb eine Menge Unfug und machte sich an die Nymphen heran. Auch ging er auf die Jagd oder hütete das Vieh, wobei ihm besonders die Ziegen am Herzen lagen. Er war äußerst musikalisch. Als er einmal Syrinx, die Tochter des Flußgottes Ladon, verfolgte, da wurde diese in Schilfrohr verwandelt. Pan schnitt sich davon Röhrchen in verschiedenen Längen ab und schuf so die Panflöte oder Syrinx. Abends liebte er es, vor seiner Grotte zu sitzen und zu musizieren. Auch wurde ihm nachgesagt, daß er die Gabe der Weissagung habe.

Man erfand auch junge Pane, die Panisken, die man sich als eine Art Waldteufel vorstellte.

Von den alten Römern wurde Pan mit ihrem Faunus identifiziert. Faunus, der Gnädige oder Wohlwollende, war ein altitalischer Gott der Felder und Wälder. Er gab dem Vieh Fruchtbarkeit und beschützte es gegen die Wölfe. Wie andere Wald- und Flurgeister hatte er die größte Freude daran, die Menschen zu ängstigen und zu erschrecken. So schlich er sich nachts in die Häuser und quälte die Schlafenden als Incubus mit Alpdrücken.

Als seine Frau oder Schwester galt die helfende, segnende und fördernde Flurgöttin Fauna. Sie erscheint nicht in der Heraldik.

Die Satyrn, auch Wald- und Feldgeister, gehören zum Gefolge des Dionysos, dem Gott der schwellenden Triebkraft in der Natur, wie sie sich in den Bäumen und besonders im Weinstock zeigt. Wie die Pane sollen auch die Satyrn Söhne des Hermes gewesen sein, nach einer anderen Lesart die des kleinasiatischen Quell- und Walddämons Seilenos. Man stellte sie sich vor als von grobem, menschlichem Körperbau mit struppigem Haar und Bart, einer Stulpnase, langen spitzen Ohren und einem Ziegenschwanz oder Roßschweif. Sie waren lüsterne Kreaturen, die die Nymphen jagten und den Menschen übermütige Streiche spielten. Sie waren trunksüchtig und liebten Völlerei und Tanz.

Die jüngeren Satyrn, Satyrisken genannt, hat man häufig mit den Panisken verwechselt, was ihnen schließlich Hörner und die Bocksfüße einbrachte. In der römischen Dichtung sind sie vielfach den Faunen gleichgesetzt.

Für den Heraldiker wird das Durcheinander nicht gemildert, wenn er zum Beispiel in Elvins heraldischem Lexikon auf ein Wesen stößt, das einen Löwenkörper hat mit dem Kopf eines bärtigen Greises, der Antilopenhörner trägt und Satyral genannt wird. Wenn man dann im Index nach Satyr sucht, wird man auf Man-Tiger verwiesen, der als Löwe mit dem Kopf eines bärtigen Mannes mit kurzen Hörnern abgebildet ist. Faune und Pane werden nicht erwähnt.

168
Pan oder Faun

170
Das sowohl auf den Namen als auch auf den Beruf des belgischen Komponisten Marcel Michel Poot anspielende Wappen hat zwei laubumgürtete Faune als Schildhalter. Der Komponist wurde 1984 vom König der Belgier mit dem persönlichen Titel Baron geehrt.

169
Die ursprüngliche Vorstellung, die man vom Satyr hatte, veränderte sich mit der Zeit. Der Satyr des griechischen Bildhauers Praxiteles, dem bis auf die langen spitzen Ohren alles Tierische fehlt, ist ein idealisierter junger Mann.

171
Satyr im Wappen eines Hans Lachenbeck, der 1548 als Mitglied des Rates der Stadt Augsburg genannt wird. Dieser Satyr unterscheidet sich vom zweibeinigen Kentaur durch die gespaltenen Hufe. Da er einen Pfeil hält, könnte er auch ursprünglich als Sagittarius gedacht gewesen sein (vgl. Abb. 146).

172
Satyral heißt dieses Ungetüm in der englischen Heraldik: Der Körper eines Löwen ist mit dem Kopf eines alten Mannes verbunden, der die Hörner einer Antilope trägt.

Manticora, Man-Tiger oder Mantegre

Die Manticora gehört zu den merkwürdigen Kreaturen, über deren Erscheinungsbilder weder in den Bestiarien noch bei den Heraldikern völlige Übereinstimmung besteht. Typisch für dieses Biest dürfte auf alle Fälle sein, daß es ein Vierbeiner ist mit einem langen Hals, einem menschlichen Gesicht oder Kopf und einem Skorpionschwanz. Nun gibt es da noch einen Man-Tiger oder Mantegre, einen Löwen mit dem Gesicht eines bärtigen Mannes und kleinen Hörnern, der sowohl bei Fox-Davies als auch bei Elvin als identisch mit der Manticora beschrieben wird, obwohl die beiden durch wesentliche Unterschiede gekennzeichnet sind. Möglicherweise hat hier die Ähnlichkeit der beiden Bezeichnungen zu einem Fehlschluß geführt.

Nach Rodney Dennys ist die früheste Darstellung der Manticora in der englischen Heraldik in Fenns »Book of Badges«, das um 1470 zusammengestellt wurde, zu finden. Dort handelt es sich um die Bilddevise eines Sir William Hastings, einem Freund und Anhänger König Eduards IV. Die Illustration zeigt allerdings einen Löwen mit dem Kopf eines bärtigen Mannes, der Hauer hat wie ein Keiler, dem aber sowohl der für die Manticora typische lange Hals als auch der Skorpionschwanz fehlen.

Im »Cambridge Bestiarium« wird die Manticora mit dem Körper eines Löwen, dem hersehenden Kopf eines Mannes mit glühend roten Augen und einem offenen Mund beschrieben, der von Ohr zu Ohr reicht und drei Reihen Zähne zeigt. Ihr Schwanz endet mit einem Skorpionstachel. Nach einer anderen Quelle werden von der Spitze des Schwanzes scharfe Federkiele abgeschossen. Als natürliche Farbe des Biestes wird Rot angegeben. Es wird außerdem behauptet, daß es schneller rennen könne als ein Vogel fliegt und eine schrille Stimme habe. Am liebsten ernährt es sich von Menschenfleisch.

Nach einer französischen Beschreibung ist es ein Vierbeiner, nicht näher definiert, mit einem Frauenkopf, der ein phrygische Mütze trägt, und einem Skorpionschwanz. Die Manticora kommt also, wie auch der bzw. die Sphinx, männlich und weiblich vor.

Wahrscheinlich stammt dieses Wesen von der Martichora ab, einem Geschöpf des Ahriman, der in der Religion des alten Iran das böse Prinzip verkörperte. Die Martichora ist löwenartig, mit menschlichem Gesicht, Hirschfüßen, Adlerflügeln und Skorpionstachel. Sie soll auf den Mauern von Persepolis abgebildet sein im Kampf mit dem König, dessen Pflicht es war, alles Böse zu bekämpfen.

173
Manticora nach englischer Beschreibung.

174
Manticora, die nach französischer Beschreibung ein nicht näher definierter Vierbeiner ist, mit dem Kopf einer Frau, die eine phrygische Mütze trägt.

175
Bei Fox-Davies wird dieses Wesen Manticora, Mantegre oder Man-Tiger genannt. Der einzige Unterschied zum Man-Lion soll in den Hörnern bestehen (vgl. Abb. 161).

176
Der elegante Herr mit Löwenkörper und Affenhänden, der im 16. Jahrhundert als Bilddevise eines Master Ratclyffe erscheint, wurde offiziell als Mantyger beschrieben, obwohl dieser sich von ihm wesentlich unterscheidet. Manchmal wurde die Bilddevise der Ratclyffe auch als Babyon mit einem Hut auf dem Kopf blasoniert.
Die letztere Beschreibung kommt wahrscheinlich von der Bilddevise eines Sir Anthony Babyngton, die sich durch graue Kopf- und Barthaare und ein goldenes Halsband an einer Kette von der obigen unterscheidet. Hier wurde dieser Mantyger Babyon oder Baboon (Pavian) genannt, offensichtlich eine Anspielung auf den Namen Babyngton.

Die Lamia

Die Lamia war im griechischen Volksglauben eine Hexe, mit der Mütter ungezogenen Kindern drohten. Sie war ein häßliches, Schrecken einjagendes Gespenst, das auf Kinderraub ausging. Sie soll die Geliebte des Zeus gewesen sein, aber, von der eifersüchtigen Hera ihrer Kinder beraubt, in völlige Wildheit verfallen sein.
Im Alexander-Roman[13] erscheinen Lamien als überlebensgroße, unerhört schöne Frauen mit langen Haaren und Pferdefüßen. In späterer Zeit verstand man unter Lamien ganz besonders hübsche, aber gespenstische Frauen, die kleine Kinder und junge Männer an sich lockten, um ihnen das Blut auszusaugen.
Nach einer Beschreibung bei Rodney Dennys hauste die Lamia in Libyen. Sie soll den Kopf und die Brüste einer Frau gehabt und gezischt haben wie eine Schlange. Nach einigen Berichten hatte ihr Körper eine schuppige Haut, einschließlich der Beine und Füße, welche vorn die eines Löwen und hinten die einer Ziege waren. Dazu hatte sie noch einen buschigen Schweif wie ein Spaniel oder ein Pferd.
Ähnlich ist sie bei Heinz Mode abgebildet, hat aber noch ein häßlich geflecktes Gesicht. Dort wird sie auch als griechische Hexe beschrieben, die Kuhfüße und Katzenkrallen hat.
In ähnlicher Gestalt finden wir sie als Helmzier des Wappens eines Lambert of Oweton, das 1558 bei einer Heroldsvisitation aufgezeichnet wurde. Hier wird sie als eine Anspielung auf den Namen Lambert verwendet. Dargestellt wird sie mit dem Körper eines Löwen, was aber wenig zum Ausdruck kommen kann, da sie anstelle der Vorderbeine menschliche Arme und Hände sowie die Hinterbeine einer Ziege oder Kuh hat, dazu den Kopf einer langhaarigen Frau und Brüste. Auch sie hat einen buschigen Schweif.

177
Lamia mit schuppiger Haut, den Vorderbeinen einer Raubkatze und den Hinterbeinen einer Ziege oder Kuh.

178
Eine solche Lamia, in der rechten Hand eine Rose am beblätterten Stil haltend, erscheint als Helmzier in der englischen Heraldik des 16. Jahrhunderts.

Der Werwolf

Ob der Werwolf (oder Mannwolf) wohl wirklich in einem Wappen vorkommt? Jedenfalls wird er in Elvins heraldischem Lexikon als Wolf ohne Rute mit dem Kopf eines bärtigen Mannes vorgestellt. Auch in Heinz Modes »Fabelwesen und Dämonen« ist ein Werwolf abgebildet, wenn auch nicht im Zusammenhang mit der Heraldik: Ein barfüßiger Mann mit dem Kopf eines Wolfes, der mit einem Wolfsfellhemd bekleidet ist.

Nach altem Volksglauben ist der Werwolf ein Mensch, der sich von Zeit zu Zeit in einen Wolf verwandelt und dann blutrüstig Menschen und Tiere zerreißt. Im völligen Verwandlungszustand unterscheidet er sich von den richtigen Wölfen nur durch den abgestumpften Schwanz. Menschen, die zwei Haarwirbel hatten oder deren Augenbrauen auffallend zusammengewachsen waren, wurden leicht verdächtigt, Werwölfe zu sein.

Der Glaube an solche Tierwandlungen ist uralt und war weit verbreitet. Nach den ältesten Vorstellungen der Germanen wurde die Verwandlung auf die Verführung durch andere, in späterer Zeit durch den Teufel, zurückgeführt. Man glaubte, daß sie durch das Umlegen eines Wolfsgürtels, das Überstreifen eines Wolfshemdes oder durch das Einreiben mit einer zauberischen Schwarzen Salbe verursacht würde.

Die Verwandlung dauerte nach einigen Legenden so lange, wie der Werwolf den Gürtel oder das Hemd trug, nach anderen zehn Tage. Nach einer weiteren Darstellung, die wohl durch Legenden um den Vampir beeinflußt war, setzte die Verwandlung ein mit dem Aufgehen des vollen Mondes und war beendet bei Sonnenaufgang. Nach altem Volksglauben gab es Menschen, die sich zu ganz bestimmten Zeiten in Werwölfe verwandelten, jedoch sofort aus diesem Zustand wieder befreit werden konnten, wenn man sie als Werwolf beschimpfte.

Der Werwolf konnte nur zur Strecke gebracht werden, wenn er mit Holundermark oder geweihten Kugeln beschossen wurde. Wurde er verwundet, dann konnte man die Wunden auch an seinem zurückverwandelten Körper wiederfinden. Wurde er getötet, veränderte er sich sofort in eine menschliche Leiche.

179
Der Werwolf wird mit dem Kopf eines Mannes dargestellt, also in einem Stadium seiner Verwandlung, da er sich sonst vom richtigen Wolf nur durch die kupierte Rute unterscheiden würde.

Der Troll

Der Troll stammt aus der nordischen Mythologie und kommt auch nur in der Heraldik der skandinavischen Länder vor. Als Troll werden im allgemeinen böse und dämonische Wesen bezeichnet, wie Kobolde oder Riesen, aber auch Menschen, welche von übernatürlichen Eigenschaften schädlichen Gebrauch machen, wie Zauberer oder Hexen.

Als Wappenfigur erscheint der Troll in menschlicher Gestalt mit zottigem Fell und ohne Kopf. Er hat Drachenklauen anstelle von Händen und Füßen und manchmal einen Schwanz mit einer Quaste. Er kann auch seinen gehörnten Kopf mit langen Ohren und herausgestreckter Zunge zwischen den Hüften tragen. In der Helmzier der schwedischen Familie af Trolle steht zwischen zwei gekreuzten Fahnen ein Trollenkopf mit Widderhörnern. Eine Ausnahme ist der Troll im Wappen der dänischen Gemeinde Vejen, der im Profil erscheint und seinen Kopf noch nicht verloren hat.

Daß der Troll mit seiner Erscheinung an die Vorstellung vom Teufel erinnert, geht wohl auf die Wappenlegende der Trolles zurück. Nach dieser begegnete der Stammvater des Geschlechts, ein gottesfürchtiger Herr, der in Småland in Schweden lebte, am Weihnachtsmorgen auf seinem Weg zur Kirche dem Satan. Der verwandelte sich in eine schöne Frau und reichte ihm ein Trinkhorn. Da ergriff der Ritter mit seiner linken Hand das Horn, schüttete es aus, zog mit der rechten sein Schwert und schlug im Namen von Jesus Christus der Frau den Kopf ab. Vom Gottesdienst zurückkehrend, fand er den Körper und den Kopf auf dem Wege, aber verwandelt in den enthaupteten Dämon, der heute im Wappen des Geschlechts erscheint.

180
Der Troll im Gemeindewappen von Vejen in Dänemark geht auf eine Statue zurück, welche der aus dem Ort stammende Bildhauer Niels Hansen Jakobsen geschaffen hat. In dieser modern stilisierten Form besteht das Wappen seit 1977.

181
Im Wappen des schwedischen Adelsgeschlechtes Trolle steht ein kopfloser, roter Troll auf Gold. Die freiherrlichen Trolles haben dasselbe Wappen, aber mit einem roten Schildrand, der mit 17 goldenen Kugeln belegt ist.

182
Der Troll im Wappen der schwedischen Adelsfamilie af Trolle ist schwarz, hat einen Löwenschwanz und steht auf einem grünen Rasen. Seinen Kopf trägt er auf dem Bauch.

183
Das redende Wappen der schwedischen Familie Trolle, die im 15. Jahrhundert nach Dänemark kam und dort 1782 ausstarb. Der enthauptete Troll trägt seinen Kopf zwischen den Hüften. Die Helmzier, der Kopf zwischen stilisierten Wolfsangeln, kommt in einer anderen Version des Wappens auch als Schildbild vor.

Der Kopf des Königs Midas

Der Kopf eines Mannes mit Eselsohren wird Midaskopf genannt und kommt tatsächlich in der Heraldik vor. Wenn er auch noch gekrönt ist, weiß man mit Sicherheit, daß hier der König der Phrygier gemeint ist. Bei der Reputation des Esels ist es schwierig sich vorzustellen, warum man ausgerechnet dieses Symbol für sein Wappen oder dessen Helmzier wählen konnte. Es scheint aber, daß die Eselsohren im Mittelalter keineswegs als Schande angesehen wurden, wenn man König Midas auch nicht gerade als eine Idealfigur ansehen kann.

Der Sage nach hatte sich Midas einmal die Dankbarkeit des Weingottes Dionysos verdient, worauf dieser ihm versprach, ihm zur Belohnung einen Wunsch zu erfüllen. Ohne viel zu überlegen, sprach er den Wunsch aus, daß alles, was er berühren würde, zu Gold werden solle, was Dionysos ihm zögernd gewährte. Nun konnte Midas kaum erwarten, seine neue Gabe zu erproben, und siehe da, ein abgebrochener Zweig wurde zu Gold wie auch ein aufgehobener Stein. Als er sich dann in seinem Palast an die reichgedeckte Tafel setzte, da merkte er endlich, wie unvernünftig sein Wunsch gewesen war, denn alle Speisen und Getränke die er berührte, wurden ebenfalls zu Gold. Glücklicherweise schenkte Dionysos seinen flehentlichen Bitten Gehör und befreite ihn von dieser Qual. Diese Parabel hat nun nichts mit den Eselsohren zu tun, ist aber untrennbar mit der Geschichte des Midas verbunden.

Die Eselsohren, die er übrigens nicht mehr los wurde, hat er sich auf folgende Weise verdient: Bei einem musikalischen Wettbewerb zwischen Pan und Apollo, bei welchem er einer der Schiedsrichter war, hatte er wieder kein Glück. Da die schrillen Töne der Hirtenflöte ihm weit besser gefielen als die göttliche Musik, die Apollo seiner Lyra entlockte, entschied er sich als einziger für Pan. Da zog ihm Apollo die Ohren lang und meinte, daß solch dumme Ohren keine menschliche Form verdienten. Nun wurden die Ohren länger und spitz, und kurze graue Haare begannen darauf zu wachsen. Der Kopf des König Midas war für immer mit den Ohren eines Esels ausgestattet.

184
Der Rumpf eines Jünglings mit Eselsohren dient als Helmzier einer Familie von Stainach.

185
Midaskopf als Helmzier
der Vitztum von Basel.

186
Midaskopf als Helmzier
des Wappens von Sir Bermond Armand de Preissac,
einem Ritter des Hosenbandordens (um 1421).

Fabelwesen ohne ausgeprägten Mythos

Neben den klassischen Fabelwesen erscheinen noch eine Menge anderer merkwürdiger Geschöpfe in der Wappenkunst, deren Ursprung und Bedeutung zum großen Teil im Dunkeln liegt. Wenn überhaupt, dann haben sie in Sagen oder Mythen kaum eine Rolle gespielt und besitzen auch häufig keine feste Benennung. Manche mögen aus lokalen Geschichten eines enger umgrenzten Raumes stammen, andere sind vielleicht von Familienlegenden oder Wortspielen herzuleiten.

Durch die Kreuzzüge waren zwischen Orient und Okzident lebhafte Handelsbeziehungen entstanden. Durch die Einfuhr orientalischer Seidengewebe und anderer Kostbarkeiten wurde man in den westlichen Ländern mit der künstlerischen Phantasie des Orients bekannt gemacht, was zweifellos eine befruchtende Auswirkung auf die Kunst und das Kunsthandwerk hatte.

In der mittelalterlichen, meist kirchlichen Architektur findet man die abenteuerlichsten Tierbildungen, zum Beispiel als Wasserspeier oder Dachverzierungen. Auch in kunstvollen Webereien oder Schmiedearbeiten kann man ornamental stilisierte Tiergestalten entdecken, sowohl nach Vorbildern aus der Natur als auch aus dem Reich der Phantasie.

Besonders in der späten Gotik und der frühen Renaissance haben sich große Künstler mit der Gestaltung dämonischer Wesen befaßt. Man denke hier an Hieronymus Bosch, Hans Burgkmair und Albrecht Dürer, um nur einige zu nennen. In seinen Holzschnitten zur Offenbarung des Johannes hat Dürer auf realistische Weise die unwahrscheinlichsten Drachenformen geschaffen und in seinem berühmten Kupferstich »Ritter, Tod und Teufel« einem greulich-grotesken Satan Gestalt gegeben.

Die englischen Herolde dieser Zeit haben sich bei der Einführung besonders verrückter Fabelwesen in ihr Arbeitsgebiet durch ihre skurrile Phantasie hervorgetan, wobei sie sich auch auf die Bestiarien beriefen. Nur wenige dieser Figuren haben heraldisch-künstlerischen Wert, und eine symbolische Bedeutung ist für uns heute kaum erkennbar. Sie erscheinen als Bilddevisen, Bannerträger und Schildhalter. Als Schildfiguren oder Helmkleinode sind nur wenige benützt worden. Die meisten von ihnen sind in der neueren britischen Heraldik nicht mehr zu finden. Wenn einige hier vorgestellt werden können, so ist das dem englischen Herold Rodney O. Dennys zu verdanken, durch dessen Buch »The Heraldic Imagination« sie der Vergessenheit entrissen wurden.

Schon bei den aus Mythos und Sage stammenden Mischwesen kommen Menschen und Vierbeiner mit Flügeln oder einem Fischschwanz vor. Der uralte Traum des Menschen, als Einzelwesen fliegen zu können, hat wohl dazu geführt, daß man übernatürlichen Geschöpfen auch die Fähigkeit andichtete, fliegen zu können.

So hat man zum Beispiel die Genien aus der Mythologie der Griechen und Römer als untergeordnete Götterwesen mit Flügeln dargestellt, was später in der christlichen Kunst auf die Engel übertragen wurde.

Guten und bösen Kräften hat man Flügel zugeschrieben, wobei letztere meistens nicht Vogelflügel erhielten, sondern die von der Fledermaus hergeleiteten Drachenflügel, die allerdings erst im Mittelalter üblich wurden.

Wie ein Fisch schwimmen und unter Wasser leben zu können, ist auch ein alter Wunschtraum. So hat man das Meer, die Seen und die Flüsse mit Tieren bevölkert, die der Fauna auf

dem Lande entsprachen. Neben den Meermännern und Meerjungfrauen entstanden nun der Seelöwe, der Seewolf, der Wasserhirsch, das Seepferd und viele andere, denen man anstelle des Hinterleibes einfach einen Fischschwanz anhängte. Dabei gab man ihnen, besonders in der britischen Heraldik, Schwimmfüße an den Vorderbeinen. Schließlich hat man solche Wassergeschöpfe auch noch mit Flügeln versehen.
Man kann natürlich auch heute für ein neues Wappen ein neues Mischwesen erfinden. Dabei darf man sich aber nicht nur auf eine eventuelle symbolische Bedeutung konzentrieren, sondern muß auch die dekorative Eignung dieser Neuschöpfung als heraldische Figur im Auge behalten. Gute Beispiele hierfür sind die Abbildungen 188 und 191.

187
Das Wappen der dänischen Gemeinde Jelling bezieht sich auf einen alten Runenstein, der ein raubtierartiges Fabeltier im Kampf mit einer Schlange zeigt, die es bereits umwickelt hat. Die moderne Heraldisierung hat das Fabeltier zu einem Löwen mit Greifenkopf gemacht. Das Wappen entstand 1977.

188
Ein modernes Mischwesen im Wappen einer Familie Swande von 1982 ist ein auffliegender Habicht mit dem Hinterteil eines arktischen Hundes, eine Anspielung auf die Abkunft der Familie aus Lappland. Der ursprüngliche Entwurf stammt von dem Heraldiker Jan Raneke.

189
Das Geschlecht der von Kungsfelden (nach Grünenberg) hat eine gekrönte, wachsende Jungfrau mit den Armen und Tatzen eines Bären als Helmzier.

190
In Schwarz ein silberner Fisch mit dem goldenen Geweih eines Rentiers, das Wappen der finnischen Gemeinde Inari. Der ursprüngliche Entwurf stammt von dem Heraldiker Ahti Hammer.

191
Die polnische Wappengruppe Sokola führt einen wilden Eber mit dem Hinterteil eines Bären im Schild.

192
Wappen der tschechischen Stadt Česká Třebová, die bis 1918 auch Böhmisch-Trübau genannt wurde. Es stammt aus dem 16. Jahrhundert und zeigt einen Hahn mit dem Kopf eines Mannes, der einen mittelalterlichen Judenhut trägt. Die Bedeutung dieses Wappens, das auch auf einer tschechoslowakischen Briefmarke abgebildet wurde, scheint unbekannt zu sein.

193
Im roten Wappenschild der schwedischen Adelsfamilie Fogelhufwud kniet ein betender grüner Mann mit einem Papageienkopf. Ob sich dieses Wappen auf eine Familienlegende bezieht, ist dem Autor nicht bekannt.

194
Ein Löwe mit Drachenflügeln und Drachenschwanz, dessen oberer Teil in einer silbernen Rüstung steckt, im Wappen der piemontesischen Adelsfamilie Faci.

195
Das Wappen der von Leipziger, einer meißnischen Adelsfamilie, zeigt einen roten Fuchs mit einem schwarzen Hahnenschwanz.

196
Wappen der aus Sachsen stammenden Familie von Elterlein. Eine Erklärung für den gekrönten Löwen mit den Beinen eines Ritters hat die Familie nicht. Das Wappen wurde 1514 durch einen kaiserlichen Hofpfalzgrafen verliehen.

197
Die Bedeutung des bocksbeinigen Bogenschützen im Wappen einer Familie Grimmen ist unbekannt. Als Faun oder Satyr kann er jedenfalls nicht bezeichnet werden.

198
Die hessische Kreisstadt Ziegenhain führte einen Hahn mit dem Kopf einer Ziege im Wappen, das erstmals in einem Siegel von 1519 vorkam. 1971 wurde Ziegenhain Stadtteil von Schwalmstadt.

199
Wappen einer Familie Grasmann, welches im Wernigeroder (Schaffhausener) Wappenbuch von etwa 1490 vorkommt. Das Unikum im Schild ist aus dem Vorderteil eines rotes Hummers oder Krebses, das Hinterteil aus dem eines goldenen Löwen gebildet.

200
Die Stadt Treysa im hessischen Landkreis Ziegenhain führte einen Ziegenadler im Wappen, der als Herrschaftssymbol zuerst in Siegeln und seit dem 15. Jahrhundert im Schild erscheint. Die Stadt, die schon vor 1229 von den Grafen von Ziegenhain gegründet wurde, führte auch nach der Zuteilung an die hessischen Landgrafen im Jahre 1495 weiterhin das alte Wappen. Heute ist Treysa ein Stadtteil der 1971 neugebildeten Stadt Schwalmstadt.

202
Diese Wappenfigur, halb Wolf, halb Adler, steht im Schilde des dänischen Adelsgeschlechts Ulfeld.

201
Das Wappen der Grafen von Ziegenhain hat als Helmkleinod eine wachsende Ziege mit Flügeln. Die Grafschaft Ziegenhain war seit dem 12. Jahrhundert im Besitz eines Zweiges der Grafen von Reichenbach und wurde 1437 zu einem hessischen Leben. Das gräfliche Geschlecht starb 1150 aus.

203
Löwe mit Drachenflügeln (Löwendrache, Abb. 69). Dieser und der Wolf mit Drachenflügeln (Abb. 204) sind Schildhalter des 1960 verliehenen Wappens der Chester, Wrexham and North Wales Savings Bank.

204
Wolf mit Drachenflügeln

205
Nach Elvins »Dictionary of Heraldry« gehört auch ein geflügelter Affe zum Repertoire der Wappenkunst.

206
See- oder Wasserhirsch

207
Geflügelter Hirsch. Das Wappen der Carteret, Earls of Granville, hat solche Schildhalter.

208
Geflügeltes Reh. In England wurde der Royal Academy of Dancing 1937 ein Wappen verliehen, das als Schildhalter zwei natürliche Rehe mit goldenen Flügeln hat.

209
See- oder Wasserhirsch mit Flossenfüßen

210
Seepferd (Seepegasos, Abb. 107).

211
Das Seepferd der englischen Heraldik wird mit einer langen Rückenflosse, die manchmal bis zwischen die Ohren reicht und dann die Mähne ersetzt, sowie mit Schwimmfüßen dargestellt.

212–213
Als Zeichen des Zodiakus wird der Steinbock meistens mit einem Fischkörper anstelle seines Hinterleibes abgebildet und kommt so auch in der Heraldik vor. Zur Unterscheidung vom natürlichen Steinbock muß er in der Wappenbeschreibung stets als Zeichen des Tierkreises angegeben werden.

214
Das Tierkreiszeichen des Steinbocks, halb Steinbock, halb Fisch, im Wappen der dänischen Adelsfamilie Scavenius. Die vollkommen grüne Helmdecke, heraldisch eigentlich unkorrekt, ist jedoch im Adelsprotokoll von 1843 zu finden.

216
See- oder Fischhase im Wappen einer Familie Graf aus Basel.

215
Der Fischhase im Wappen der schlesischen Stadt Parchwitz geht auf ein Siegel aus der Mitte des 16. Jahrhunderts zurück. Die Stadt war 1250 von Peter von Parchwitz gegründet worden und gehörte später zum Herzogtum Liegnitz.

217
Geflügelter Seelöwe

218
Seelöwe im Wappen des aus Rügen stammenden dänischen Adelsgeschlechts Rosengård, das 1593 ausstarb.

219
Der Seelöwe im Wappen des bedeutenden Heraldikers Ottfried Neubecker hält einen Wecken in seinen Klauen, eine Anspielung auf den zweiten Teil seines Familiennamens.

220
Im Wappen des alten Nürnberger Patriziergeschlechts Imhoff steht ein Seelöwe, dessen Fischteil nach oben über den Kopf gebogen ist. Die merkwürdigen großen Schuppen, die eher an eine Artischocke als an die schuppige Haut eines Fischs erinnern, scheinen für dieses Wappen typisch zu sein, denn sie können schon auf frühen Abbildungen entdeckt werden.

221
Der Seehund der englischen Heraldik wird dem Talbot ähnlich, aber mit dem Schwanz eines Bibers und Flossenfüßen abgebildet. Außerdem hat er eine schuppige Haut. Man nimmt an, daß er einst aus einer Mißdeutung des Bibers entstanden ist.
Als Schildhalter kommt er z. B. im Wappen von Lord Mowbray, Segrave and Stourton vor (schwarz, mit goldener Rückenflosse und golden geränderten Schuppen).

222
Seehund, wie er normalerweise in der Heraldik dargestellt wird (halb Hund, halb Fisch). Ein Seehund der Natur müßte als solcher bei der Beschreibung eines Wappens bezeichnet werden.

224
Nach dem heraldischen Lexikon des Engländers C. N. Elvin gibt es einen Meeraffen *(sea-monkey)*, der bei ihm mit Schwimmhäuten zwischen den Fingern abgebildet ist.

223
Das Wappen eines dänischen Magisters Jakob, der 1399 als Kanonikus in Lund, Skane, erwähnt wird. Der Seewolf, auch Wasserwolf genannt, kann in der englischen Heraldik auch Schwimmfüße haben.

225
Der Meer- oder Fischhahn. Er kommt z. B. im Wappen der Familie Geyss vor.

226
Geflügelter Fisch

228
Stammwappen der aus Holstein stammenden dänischen Grafen Brockdorff. Dasselbe Wappen führte eine im 16. Jahrhundert ausgestorbene Familie von Damme.

227
Der geflügelte und gekrönte Aal im Wappen der westfälischen Stadt Ahlen erscheint schon auf einem Stadtsiegel aus dem 13. Jahrhundert, dort allerdings nicht allein, sondern ohne Krone im Torbogen einer Zinnenmauer. Darüber ist zwischen zwei Zinnentürmen eine Büste des heiligen Bartholomäus angebracht.

229
Dieses Tier, Bagwyn genannt, erscheint zum erstenmal 1539 als Bannerhalter von William Fitzalan, Earl of Arundel in Prince Arthurs Book. Sein Geweih gleicht stilisierten Hirschstangen. Der buschige Schweif ist zweifarbig.

230
Der Calopus, Chatloup oder Katzenwolf erscheint von Gold und Schwarz geviertelt 1513 in England als Bilddevise eines Sir Godfrey Foljambe of Walton in Derbyshire.

231
Das Pantheon ist eine Erfindung aus der Tudorzeit. Es ähnelt einer etwas schwer geratenen Hirschkuh mit gespaltenen Hufen und einem buschigen Schwanz. Sein Körper ist mit Sternen bestreut. Wahrscheinlich soll das eine Anspielung auf das Weltall oder den Sternenhimmel sein, denn eigentlich bedeutet Pantheon die Gesamtheit oder den Tempel aller Götter. In neuer Zeit wurden dem Wappen der United Kingdom Atomic Energy Commission von 1955 zwei rote, mit goldenen Sternen besäte, eine goldene Palisadenkrone um Hals (an einer Kette) tragende Pantheons mit goldenen Hufen als Schildhalter beigegeben.

232
1966 wurde der London Borough of Enfield dieses Wappen verliehen. Das Tier mit dem Kopf eines Fuchses, dem Brustkasten eines Windhundes, den Fängen eines Adlers sowie mit den Hinterbeinen und der Rute eines Wolfes wird Einfield genannt.
Als Helmzier erscheint es (nach Fox-Davies) in den Wappen der meisten irischen Familien Kelly.

233
Der heraldische Tiger der Engländer war wohl ursprünglich das Resultat eines Versuches, ein Tier darzustellen, welches man noch nie gesehen hatte. So wurde seine Gestalt dem heraldischen Löwen ähnlich, während der Kopf mit dem Stachel an der Nase an einen Drachen mit Wolfszügen denken läßt.

234
Nebek wird dieses Biest genannt, das man für einen heraldischen Tiger halten könnte. Zur Zeit Heinrichs VIII. kommt es als Bilddevise von William Fitzwilliam, Earl of Southampton, vor. Dort ist seine Schulter mit einem Sporenrädchen belegt, und es hat eine goldene Krone um den Hals, an welcher eine Kette befestigt ist. Es ist schwarz mit einer weißen Mähne und ebensolchen Haarbüscheln.

235
Der Calygreyhound erscheint weder in einem heraldischen Lexikon noch in einem Bestiarium. Im 15. Jahrhundert taucht er auf einem Siegel des John de Vere, Earl of Oxford, auf und wurde auch von dessen Sohn gleichen Namens als Bilddevise geführt. Mit einem Windhund (Greyhound) hat dieses merkwürdige Tier sehr wenig gemein wegen seines katzenähnlichen Kopfes und der Adlerklauen. Was der pflanzenähnliche Wuchs auf dem Kopf bedeutet, ist unklar. Es könnte sich hier um Blütenstengel mit Blütenkelchen *(calyxes)* handeln oder ein normales Geweih darstellen mit dem Bast, den ein Hirsch durch Reiben an Baumstämmen abfegt.

236
Der Theow, Thoye oder Thos ist vielleicht ursprünglich eine falsche Interpretation des Schakals. Von Plinius soll er als eine Art Wolf, aber mit größerem Körper und kürzeren Beinen beschrieben worden sein. Seine gespaltenen Hufe machen ihn zu einem heraldischen Mischwesen. In der Heraldik erscheint er zum erstenmal das Banner eines Sir Thomas Cheyney haltend in Prince Arthurs Book. Dort ist er grün.

237
Die heraldische Antilope der englischen Heraldik stammt angeblich von der »Antalope« mittelalterlicher Bestiarien ab. Diese soll von ungeheurer Schnelligkeit gewesen sein und konnte mit ihren sägeartig gezackten Hörnern die stärksten Bäume umsägen.

238
Eine solche Antilope mit Hauern wie ein Keiler erscheint zur Zeit Heinrichs VIII. als Bannerhalter von Edward (Stafford) Duke of Buckingham.

239
Dieses Tier unterscheidet sich durch seine Hörner und die Krallenfüße von dem sonst üblichen Bild der heraldischen Antilope. Nach hinten sehend erscheint es als Bilddevise eines Sir John Beauchamp und wird bei Rodney Dennys als Antilope bezeichnet.

240
Nach Elvin ist der Ibex ein Löwe mit dem Kopf einer heraldischen Antilope. Bei Fox-Davies wird ein Ibex als natürliche Antilope beschrieben, die aber eigenartig gezackte Hörner hat.

241
Diese merkwürdige Mischung von Widder und Ziege, mit den Hörnern von beiden, ist bei J. Franklyn mit dem Körper einer Ziege beschrieben und in Elvins Lexikon unübersehbar mit den Attributen eines Ziegenbocks ausgestattet. Ihre Erfinder, englische Herolde, haben diese Kreatur Musimon genannt.

242
Wie bei den meisten Namen der englischen Phantasiewesen ist es schwierig, sich im Deutschen für einen Artikel zu entscheiden. Ist es nun der oder das Yale? Nach Rodney Dennys soll dieses Tier schon Plinius bekannt gewesen sein. Wahrscheinlich ist es die phantasievolle Verzerrung eines tatsächlich existierenden Tieres.

Das Beaufort Yale, so genannt, weil einer der Schildhalter des Wappens von Sir John Beaufort, Duke of Somerset und Earl of Kendal, der 1444 starb, weiß und mit goldenen Kugeln bestreut war. Auch seine Mähne, der kurze, buschige Schwanz sowie die Hufe waren golden. Von den großen, gebogenen, goldenen Hörnern war eines nach vorn gedreht. Man behauptete, das Yale könne sie nach allen Richtungen bewegen. Auf frühesten Darstellungen sind seine Hufe nicht gespalten.

243
Das Bedford Yale hat die Statur einer Antilope, einen Kopf mit starken Hauern und langen, geraden Hörnern, einen Schwanz, der in einer großen Quaste endet und ist entweder schwarz oder von sehr dunklem Braun. Eines seiner nach allen Richtungen drehbaren Hörner ist nach vorne gerichtet. Es erscheint zum ersten Mal in der Heraldik als Schildhalter des Wappens von John, Duke of Bedford und Earl of Kendal, dem dritten Sohn König Heinrichs IV. von England.

245
Caretyne heißt dieses merkwürdige Biest, dessen Herkunft und Bedeutung unbekannt sind.
Es war die Bilddevise des berühmten englischen Dichters, Höflings, Diplomaten, Seefahrers und Soldaten Sir Francis Bacon (1561–1626).

244
Auch bei diesem verrückten Tier, Boreyne genannt, kennt man weder Herkunft noch Symbolik. Es gehört zu den vielen anderen Phantasiegeschöpfen, die in der englischen Heraldik des späten 15. und frühen 16. Jahrhunderts auftauchten und dann wieder völlig von der Bildfläche verschwanden. Es erscheint in Fenns »Book of Badges« als Bilddevise eines Sir Thomas Borough oder Burgh, der zur Zeit Richards III. und Heinrichs VII. lebte.

246
Ypotrill haben die Herolde diese sonderbare Kreatur genannt, die um die Mitte des 15. Jahrhunderts als Bilddevise des John Tiptoft, Earl of Worcester, vorkommt. Über ihre Bedeutung wird nichts berichtet.

247
Alphin oder Alfin wird dieses Biest genannt, das man weder in den mittelalterlichen Bestiarien noch in frühen heraldischen Abhandlungen finden kann. Sowohl seine Herkunft als auch seine Bedeutung sind völlig unbekannt. Wahrscheinlich hat es seine Existenz dem launischen Einfall eines Herolds zu verdanken. In der Heraldik erscheint es zum ersten Mal in Fenns »Book of Badges« als Bilddevise von Richard (West), Lord de la Warr. Dort hat es gespaltene Hufe an den Vorderbeinen. Im »Book of Standards« erscheint es dann wieder als Bilddevise des Thomas (West) de la Warr (Enkelsohn von Richard), der 1554 starb. Hier hat es Adlerklauen an den Vorderbeinen und einen geknoteten Schwanz.

248
Bonacon oder Bonasus wird dieses vage an einen Stier erinnernde Tier genannt. Es soll schon Plinius und Aristoteles bekannt gewesen sein. Es hat eine Pferdemähne, einen Roßschweif und zwei nach innen gedrehte Hörner. Im Cambridge Bestiarium steht eine Beschreibung des Bonasus, die ihn äußerst geeignet erscheinen läßt, um als Bilddevise für einen militärischen Rückzugspezialisten verwendet zu werden. Seine Hörner waren so gebogen, daß sie niemandem Schmerz zufügen konnten. Wenn er sich aber umdrehte, um wegzurennen, ließ er einen fürchterlichen Wind fliegen, mitsamt dem Inhalt seiner Eingeweide, so daß drei Morgen Land unter dem Mist begraben wurden und die Bäume Feuer fingen. In der zweiten Hälfte des 16. Jahrhunderts erscheint sein Kopf zweimal als Helmzier in der englischen Heraldik.

Anmerkungen

[1] Homeros (Homer) dürfte um 850–800 v. Chr. gelebt haben. Über seine Herkunft, seine Persönlichkeit, Heimat oder Zeit gibt es keine sicheren Nachrichten. Um die Ehre, sein Geburtsort zu sein, haben sich im Altertum Smyrna, Rhodos, Kolophon, Salamis (auf Zypern), Chios, Argos und Athen gestritten. Ihm werden die epischen Werke »Ilias« und »Odyssee« zugeschrieben.

[2] Hesiodos (Hesiod) ist neben Homer der älteste griechische Dichter, von dem Werke erhalten geblieben sind, die ihm aber größtenteils nur zugeschrieben werden. In ihrem Grundbestand zweifellos echt sind seine »Werke und Tage«. Hesiod stammte aus Askra in Böotien und soll um 700 v. Chr. gelebt haben.

[3] Konrad Grünenberg war ein Ritter und Bürger der Stadt Konstanz, in welcher er auch dreimal Bürgermeister war. Als Baumeister seiner Heimatstadt wird er 1442 bezeugt. 1486 machte er eine Wallfahrt ins Heilige Land. Seine umfangreiche heraldische Arbeit umfaßt die Österreichische Chronik, die um 1480 entstand und heute im Wiener Staatsarchiv aufbewahrt wird, sowie sein 1483 abgeschlossenes Wappenbuch, dessen Original sich heute im Geheimen Staatsarchiv Preußischer Kulturbesitz, Abt. Berlin, befindet.

[4] Gaius Plinius Secundus der Ältere wurde im Jahre 23 zu Comum, dem heutigen Como, geboren. Als Befehlshaber der bei Misenum stationierten römischen Flotte kam er im Jahre 79 beim Ausbruch des Vesuv ums Leben. Von seiner fruchtbaren schriftstellerischen Arbeit ist lediglich die aus 37 Büchern bestehende »Naturalis historia«, eine Art Lexikon, erhalten geblieben.

[5] Paracelsus (Philippus Aureolus P. Theophrastus Bombastus von Hohenheim), geboren 1493 zu Maria-Einsiedeln im Kanton Schwyz, gestorben zu Salzburg im Jahre 1541, war Arzt und Naturforscher. Von der Alchemie kommend, wurde er durch seine nüchterne Art der Begründer der pharmazeutischen und dadurch der medizinischen Chemie. 1536 kam in Augsburg sein Werk »Große Wundarzney« heraus.

[6] Aristoteles, der einflußreichste Philosoph und Naturkundige des alten Griechenland, war ein Schüler Platons. Er wurde 384 v. Chr. zu Stagira in Makedonien geboren und starb 322 in Chalkis auf Euböa. Um 384 wurde er von König Philipp von Makedonien zum Erzieher des damals 13 Jahre alten Alexander berufen. Nach dessen Thronbesteigung siedelte er nach Athen über, wo er seine bedeutendsten Werke verfaßte, darunter seine »Geschichte der Tiere«.

[7] Die Bilddevise (engl. *badge,* ital. *impresa*) ist ein heraldisches Abzeichen, das unabhängig vom Wappen Einzelpersonen, Familien oder Organisationen repräsentiert. Sie wird als Besitzzeichen verwendet und von Parteigängern getragen. In England, Frankreich und Italien war sie schon im 14. Jahrhundert in Gebrauch, während sie in Deutschland nie wirklich heimisch wurde. Sie ist nicht Teil des Wappens, kann aber neben diesem dargestellt werden, wie z. B. die Säulen des Herkules, Bilddevise Kaiser Karls V. (Abb. 10).

[8] Älian (Claudius Aelianus) wurde zur Unterscheidung von seinem griechischen Zeitgenossen, dem Schriftsteller Älianus, der Sophist genannt. Er lebte zu Anfang des 2. Jahrhunderts in Präneste bei Rom. Zu seinen in griechischer Sprache geschriebenen Werken gehören die »Tiergeschichten«, eine Sammlung von Merkwürdigkeiten des menschlichen und tierischen Lebens.

[9] Ktesias war ein griechischer Geschichtsschreiber aus Knidos in Karien, der um 415 v. Chr. in persische Kriegsgefangenschaft geriet und 17 Jahre lang als Leibarzt am persischen Hofe lebte. Von seiner großen Arbeit »Persica« sind heute nur dürftige Auszüge und Fragmente erhalten.

[10] Pindar (Pindaros) war ein lyrischer Dichter im alten Griechenland, der 522 v. Chr. in der Gegend von Theben geboren wurde, wo er auch die meiste Zeit seines Lebens verbrachte. Hoch geehrt, auch von fürstlichen Personen wie Alexander von Makedonien und Hieron von Syrakus, starb er um 448 v. Chr. in Argos.

[11] Euripides, einer der größten Tragiker des alten Griechenland, soll am Tage der berühmten Seeschlacht bei Salamis 480 v. Chr. geboren sein. Er starb 406 v. Chr. in Arenthusa bei Amphipolis. In seinem Werk zeigt er sich in offenem Gegensatz zum althergebrachten Denken, Glauben und Stil seiner Zeitgenossen. Zu seinen berühmtesten Werken gehören »Medea«, »Iphigenie in Aulis« und »Iphigenie in Taurien«.

[12] Pausanias, ein griechischer Schriftsteller, der wohl aus Lydien stammte, lebte im 2. Jahrhundert. Er soll ein unermüdlicher Reisender gewesen sein. Zwischen 143 und 180 beschrieb er in seiner »Periegesis« (Rundreise) die künstlerischen und religiösen Merkwürdigkeiten einzelner Orte fast ganz Griechenlands.

[13] Der Alexander-Roman, eine reiche Sage um das Leben Alexanders des Großen, stammt von Lambert le Tort und Alexandre de Paris aus Bernay (12. Jahrhundert). Er ist eine Erweiterung und Fortsetzung von Werken, deren ältestes angeblich von Äsop (um 550 v. Chr.) oder Kallisthenes (um 360–327 v. Chr.) verfaßt wurde.

Bibliographie

Achen, Sven Tito: Danske adelsvåbener en heraldisk nøgle, Kopenhagen 1973

ders.: Trolle-Våbenet, Heraldisk Tidsskrift, Nr. 11, 1965

Aelian: On the Characteristics of Animals, engl. Übers. A. Scholfield, London 1958/1959

Barnard's Roll of Badges, 1475, Original in London beim College of Arms

Bounam de Ryckholt, Philippe et Hemptinne, George de: Lettres de Noblesse, octroyées par Sa Majéstée Baudouin Roi des Belges (1951–1991), Bruxelles 1991

Briggs, Geoffrey: Civic and Corporate Heraldry, a dictionary of impersonal arms of England, Wales & Ireland, London 1971

Brooke-Little, J. P.: Royal Heraldry – Beasts & Badges of Britain, Derby 1981

Calvert, Jean et Marcel Crupp: Le bestiaire de l'antiquitié classique, Paris 1955

Carrington, Richard: The Natural History of the Unicorn, The Saturday Book, vol. 20, London 1960

Child, Heather: Heraldic Design, London 1965

Dennys, Rodney O.: The Heraldic Imagination, London 1975

De Boo, J. A.: Heraldiek, Bussum 1973

Elvin, Charles Norton: A Dictionary of Heraldry, London 1889, Reprint 1969

Fairbairn, James: Fairbairn's Crests of the Families of Great Britain and Ireland, Reprint Pool 1986

Sir John Fenn's Book of Badges, c. 1470, Original im British Museum, London

Fox-Davies, Arthur Charles: A Complete Guide to Heraldry, New York 1909, Reprint 1978

Franklin, Julian: Shield and Crest, London 1960

Galbreath, D. L. et Jéquier, Leon: Manuel du Blason, Lausanne 1977

Gall, Franz: Österreich und seine Wappen, Wien 1968

ders.: Österreichische Wappenkunde, Wien, Köln, Weimar 1977, Neuaufl. 1992

Gessner, Conrad: Historia Animalium, Frankfurt 1585–1617

Graves, Robert: The Greek Myths, Harmondsworth 1955

Grünenberg, Conrad, Ritters und Bürgers zu Konstanz, Wappenbuch, Original im Geheimen Staatsarchiv Preußischer Kulturbesitz, Abt. Berlin, zeitgenössische Kopie in der Staatsbibliothek, München

Heinz-Mohr, Gerd: Lexikon der Symbole – Bilder und Zeichen der christlichen Kunst, Düsseldorf, Köln 1971

Hupp, Otto: Die Wappenbücher vom Arlberg, 10 Lieferungen, Berlin 1927–1943

Kobel, Ludwig und Pirchegger, Hans: Steirische Ortswappen einschließlich jene der Untersteiermark, Graz 1956

Korn, Hans-Enno: Die hessischen Städtewappen aus Wilhelm Wessels Wappenbuch von 1623, Kassel 1984

Körner, Bernhard: Handbuch der Heroldskunst, 1. Band, Görlitz 1923

Larousse World Mythology, ed. Pierre Grimal, Paris 1963

London, Hugh: The Queen's Beasts, London 1954

Louda, Jiři: European Civic Coasts of Arms, London 1966

Machatschek, Heinz: Unterhaltsame Wappenkunde, Berlin 1981

Meyer, Gerhard Rudolf: Altorientalische Denkmäler, Leipzig 1970

Mode, Heinz: Fabeltiere und Dämonen – Die phantastische Welt der Mischwesen, Leipzig 1975

Nevéus, Clara, Bror Jacques de Waern: Ny Svensk Vapenbok, Stockholm 1992
Neubecker, Ottfried: Heraldik – Wappen, ihr Ursprung, Sinn und Wert, Frankfurt/M. 1977
Pama, C.: Heraldiek en Genealogie, een encyclopedisch Vademecum, Utrecht, Antwerpen 1969
ders.: Rietstaps Handboek der Wapenkunde, Leiden 1961
Rheude, L.: Heraldica curiosa, eine Sammlung absonderlicher Wappenbilder, 1910
Roland, Monatsschrift d. Ver. zur Förderung d. Stamm-, Wappen- u. Siegelkunde, 1912
Rose, H.J.: A Handbook of Greek Mythology, New York 1959
Rorimer, James J.: The Unicorn Tapestries at the Cloisters, New York 1962
Ryckman de Betz, Baron: Armorial Général de la Noblesse Belge, Lüttich 1957
Schwab, Gustav: Die schönsten Sagen des klassischen Altertums, Reutlingen 1955
Scott-Giles, C. W.: Boutell's Heraldry, London & New York 1954
Seyler, Gustav Adelberg: Geschichte der Heraldik – Siebmachers Großes Wappenbuch, Band A, Nürnberg 1890, Neudruck Neustadt a. d. Aisch 1970
Stadler, Klemens: Deutsche Wappen, Bundesrepublik Deutschland, 8 Bände, Bremen 1964–1971
Verlet, Pierre et Francis Salet: La Dame à la Licorne, Paris 1960
Volborth, Carl-Alexander von: Heraldry – Customs, Rules and Styles, Poole 1981
ders.: Heraldik, eine Einführung in die Welt der Wappen, Stuttgart, Zürich 1989, 2. Aufl. 1992
Wappenbuch der Stadt Basel, mehrere Lieferungen, Basel 1910 ff.
Warnecke, F. und E. Doepler d.J.: Heraldisches Handbuch, Görlitz 1880, Neudruck Limburg an der Lahn 1971
Wood, Roger und Drower, Margaret S.: Ägypten in Farbe, München, Zürich 1964

Orts- und Personenregister zu den Abbildungen von Wappen, einzelnen Schildhaltern und Bilddevisen

Register der abgebildeten Fabelwesen

68/29.-